CW01670452

JOSÉ LEÓN CANO

Tras las huellas de Al Ándalus

Las montañas mágicas

ALMUZARA

© José León Cano Ramírez, 2016
© Editorial Almuzara, s.l., 2016

Primera edición: marzo 2016

Reservados todos los derechos. «No está permitida la reproducción total o parcial de este libro, ni su tratamiento informático, ni la transmisión de ninguna forma o por cualquier medio, ya sea mecánico, electrónico, por fotocopia, por registro u otros métodos, sin el permiso previo y por escrito de los titulares del *copyright.*»

Editorial Almuzara • Colección Al Ándalus
Director editorial: Antonio E. Cuesta López
Edición de Ana Cabello
www.editorialalmuzara.com
pedidos@editorialalmuzara.com - info@editorialalmuzara.com

Imprime: Gráficas La Paz
ISBN: 978-84-16392-77-3
Depósito Legal: CO-322-2016
Hecho e impreso en España - *Made and printed in Spain*

A nuestros compatriotas, los moriscos,
con la esperanza de que un día no lejano
seamos merecedores de su perdón.

A mi hija.

¡Oh pueblo perdido
en la Andalucía del llanto!

Federico García Lorca

Índice

Prólogo

Parece que al menos la cuarta parte de los españoles descendemos del Islam. Es algo que no suele decirse mucho, pero parece saltar a la vista para quien viene de fuera y trata de ver, sin prejuicios, lo que parecemos y lo que somos.

Digo y repito «parece» porque no estoy en posesión de ninguna verdad absoluta. A ello se debe el que no tenga mucho amor por los dioses únicos y, por lo tanto, absolutamente verdaderos; tan convencidos de que no hay más que Ellos mismos, que en cuanto uno se descuida, y se pone socrático, se le viene encima la Guerra Santa o la Santa Inquisición.

Yo no sabré nada, o muy poco, pero en España sabemos mucho, sabemos demasiado de todo eso. A quien haya arañado historia no le queda más remedio que carecer de amor por los fundamentalismos que suelen vampirizar a esas excelsas figuraciones metafísicas. «Yo soy más Único que Tú», le dice el Único al Otro, y este le contesta «y Yo más», y luego los seguidores del Uno, del Otro y del de Más Allá se lían a tiros, por los siglos de los siglos, en nombre de la Verdad, tanto más verdadera cuanto menos demostrable. Cosas de la enfermedad infantil del monoteísmo.

En consecuencia, y con mis respetos para quien profese la religión que quiera, no me siento judío, ni cristiano ni musulmán.

Pero sí me siento atraído por las víctimas de la intolerancia, esa hermana gemela del fundamentalismo, venga de donde venga. Pues de los que perdieron, sean del color que sean, no suele divulgarse historia, sino infamia. Si fuera abogado lo sería de perdedores, como Blas Infante. Porque las injusticias son para mí como la miel de algunos boleros o las letanías ultramontanas: no las puedo soportar.

Profeso por este país, eterno enfermo de guerra civil, una pasión bipolar. Lo siento como el más hermoso del planeta, pero también como un semillero de miserables. Aquí escandaliza la ausencia de decoro con que se ejerce la violencia, tanto o más que el espectáculo de la violencia misma. No sólo se matan toros pública y festivamente, se echan a volar cabras desde campanarios, se ahorca a mastines, inútiles después de la temporada de caza, se talan árboles sin necesidad, o se les poda hasta la extenuación, o se ha permitido que el desahuciado por hipotecas impagables se lance a muerte desde su ventana.

Aquí, donde al filo del siglo XVI se amputaron dos miembros de nuestra sociedad, donde se ha ejecutado, con los moriscos, el primer genocidio de que se tiene constancia, donde la Edad Media lleva centurias agonizando —pero todavía no se ha levantado en la Puerta del Sol la «guillotina eléctrica» que acabe con ella, según aconsejaba Valle Inclán—, aquí se ha masacrado mucho, en grandes cantidades y con mucha alegría, tanto en los viejos como en los nuevos tiempos.

Pero la mayor crueldad que puede perpetrarse contra los supervivientes de masacres y genocidios es intentar asesinar su memoria colectiva; una crueldad, por desgracia, típicamente española.

Sólo a medias se logra, porque los detritus no pueden esconderse por mucho tiempo. Y con ellos, la verdad —palpable y medible, no como la Otra— acaba saliendo a flote. Una verdad que no suele oler a rosas, pero sólo la verdad con minúsculas nos hace libres, de la misma manera que la Verdad con mayúsculas nos hace esclavos.

Por supuesto que, pese a todo, los españoles en general somos muy buena gente: seríamos los mejores vasallos si tuviéramos buenos señores, y mejores aún si no los tuviéramos.

Por eso amo a España, y de España amo en primer lugar a mi ciudad de nombre andalusí, *al-Basit*, la tierra llana de Albacete, y amo Andalucía, a la que me unió el amor de mi juventud. No puedo pasar un mes sin acercarme a los mares de Málaga, la ciudad del paraíso, según exacta definición de Vicente Aleixandre.

Desde muy joven me pregunté por qué una tierra, tan en apariencia alegre, escondía una tristeza tan profunda, tan jonda, sobre todo en los pueblos preservados por las montañas, donde persisten tantas melodías misteriosas, tantos perfumes de otros tiempos, tanta magia y también tantos ocultamientos.

Ahora creo saberlo, como sé por qué el segundo apellido de la madre de mis hijos, natural de Alhama de Granada, es Raya: porque Raya era el nombre de la Cora o provincia nazarí donde está situado ese pueblo.

Es decir: la abuela de mis nietos procede en parte de moriscos, de esos moriscos clandestinos que no se fueron, pese a la orden de expulsión, y que soportaron toda clase de desprecios durante generaciones.

Tantos que muchos de ellos, como también muchos descendientes de judíos, ocultaron o se olvidaron de sus orígenes; que con memoria clara o no de esas raíces, los que todavía se acuerdan de quiénes eran sus antepasados, en estos bellísimos pueblos perdidos, todavía hoy prefieren callar como han callado muchas familias de los enterrados en las cunetas, y por las mismas razones.

Una tarde, contemplando las lejanías de Ronda —con un sol que, guerreando atardeceres, ensangrentaba gloriosamente lo que Rilke definió como el más elevado paisaje de este mundo— me pregunté cuánta gloria y cuánta sangre de Al Ándalus seguía latiendo en los pueblos de esas montañas, sobrenaturales a fuerza de belleza. Y me dije que alguna vez trataría de averiguarlo y escribiría un libro sobre ello.

I. El corazón de un rey leproso

ALFORJAS DE *ROCINANTE* — LA TRETA DEL *TORNAFUYE* — FANTASMAS GÓTICOS — UN HALLAZGO ARQUEOLÓGICO — GAITAS ESCOCESAS Y GUITARRAS ESPAÑOLAS

Cargo sobre el escuadrón, sin cuidarme de si mi muerte está en él o fuera de él.

ABU ABD ALÁ IBN MARDAMS

El poder aborrece las montañas, las montañas aman la libertad. El poder se extiende con facilidad, pero asciende dificultosamente, mientras que la libertad es una flecha que, disparada al cielo, adquiere más vigor cuanta mayor altura alcanza.

La mirada se enriquece contemplando el mundo desde lo alto, un mundo que aparece cada vez más bello a medida que se avanza en la ascensión. Creían los andalusíes que la belleza y el conocimiento eran las caras de una moneda acuñada con el rostro de Alá. Un rostro que se mostraría, en las alturas de la tierra, a los ojos capaces de verlo.

No se ha concedido a todos la gracia de contemplarlo pero Alá es grande, según dicen, y suele permitir que la belleza y el conocimiento salgan al encuentro de quien se tome el trabajo de ascender para buscarlos.

Los busqué por primera vez en la serranía de Ronda, ese arisco reino de los caballeros de la libertad, ese castro inexpugnable de rebeldes, bandoleros, místicos y poetas. Encontré belleza y conocimiento hasta colmar las alforjas de mi *Rocinante*, un coche cuya marca es la misma de quienes fabricaron los cazas destinados a estrellarse contra los buques norteamericanos, pagando con la vida sus pilotos el honor del Japón. Porque la libertad, como creían aquellos *kamikazes,* pero también los revolucionarios franceses y, naturalmente, Carmen la de Ronda, la libertad se paga con la muerte.

Después de una semana de lluvia, la mañana se presentaba limpia de nubes. Puse en marcha mi también llamado Estrella del Espacio —*Mitsubishi Space Star*— con dirección a Teba, un nido de águilas coronado por otra Estrella, la que le da nombre a su castillo, el *hisn Atiba* de los sarracenos.

A esa corona de piedras llegué sin incidentes hacia las once, con el radiante sol del Sur que a veces condecora algunos días de enero. Poco tiene de particular este Castillo de la Estrella, del que apenas se mantienen en pie una torre cuadrada y otras reliquias irrelevantes, pero el entorno es una maravilla, montañas y montañas amontonándose en la lejanía, con tal amplitud, con tan delicada profundidad que el nombre de la fortaleza parece justificado, pues vemos ese paisaje desde la perspectiva de una estrella que se hubiera acercado a curiosear.

No es extraño que el lugar haya sido elegido por esos émulos de Ícaro para desplegar sus artilugios de flotar en el aire, sin motor y sin miedo. ¿Para qué otra cosa sirven las alas? Con parapente, o simplemente con la mirada, desde aquí no puede hacerse otra cosa sino volar.

Recorrí con melancolía las estancias de esta estrella fortificada, víctima del tiempo, como todo, y de la incuria, como casi todos los castillos de Al Ándalus. Encontré en el suelo, junto a otros materiales de derribo, un trozo de cerámica vidriada en verde, el color del Islam. Es probable que de origen andalusí, pues fueron los musulmanes, a quienes este castillo pertenecía, los introductores en la península de la técnica de vidriar la arcilla.

Me la guardé como recuerdo y me despedí de estas piedras antiguas que le hacen a uno sentirse tan joven como el espíritu que las levantara, cuando la necesidad movía a los hombres envuelta en el manto de los grandes ideales.

Es imposible no sentirse atraído por Teba y por todos los sorprendentes pueblos de esta serranía, porque la gente que se arracima bajo sus castillos, o se ampara en las faldas de sus crestas, es de cordialidad fraterna y democrática, pues no olvidan estos nietos de moros escondidos lo que el Corán señala, que todos los hombres son iguales como las púas de un peine.

Moros o cristianos, los habitantes de tan singulares riscos han heredado la hospitalidad que tanto recomienda la etiqueta coránica, y que nada tiene que ver con la obsequiosidad servil de esos termiteros turísticos de las costas andaluzas, donde acuden por igual la grey consumista y el dinero fácil; tan cerca y tan lejos de esta Teba orgullosa de sus raíces y amante, como los hombres que aquí vivieron, de su altanera independencia: siempre han dado estos tebanos desde los tiempos del moro Muza, hasta los más recientes de la guerra civil, buenas bofetadas a quienes han querido mesarles las barbas o subírseles a las bardas de su castillo.

Lo intentaron los castellanos presentando batalla al general granadino Osmin, de los benimerines, cuya nobleza y leal guerrear le valió que sus adversarios le apodasen El Bueno. Acudió el moro desde Granada, por orden de su rey Mohammad IV, para auxiliar con trescientos jinetes a los defensores de esta fortaleza.

El encontronazo se produjo en un memorable 25 de agosto de 1330, con Alfonso XI al frente de sus huestes, entre las que figuraba un singular caballero escocés que llevaba pendiente del cuello un estuche de plata con el corazón embalsamado de un rey leproso.

El portador de aquel singular estuche es el caballero escocés sir James Douglas, llamado Douglas el Negro y también, curiosamente, Douglas el Bueno, tan bueno como su adversario Osmin, como su contemporáneo Guzmán, y probablemente por las mismas razones; ha venido a España para continuar viaje a Tierra Santa a través de Francia, Italia y Grecia, y así cumplir la promesa que le hizo a su moribundo monarca, Robert Bruce —libertador de Escocia tras vencer a los ingleses en la batalla de Bannockburn, en 1314—, la de enterrar su corazón de guerrero cristiano en la iglesia del Santo Sepulcro de Jerusalén, como compensación por no haber podido peregrinar en vida a esos santos lugares.

El rey Robert muere el 7 de junio de 1329, comido de lepra, y al año siguiente su más antiguo y más cercano compañero de armas emprende un viaje que finalizará con su propia muerte, una de las más hermosas que he logrado conocer.

La época de las cruzadas había pasado, y el Santo Sepulcro estaba en manos musulmanas desde que Saladino lo reconquistase en 1187. Un grupillo de caballeros como el que comandaba Sir Douglas era fuerza más que insuficiente para recuperarlo, si es que la finalidad de la expedición hubiera sido guerrera. Tal vez el rey Robert, que se había reconciliado con el Papa unos años antes, hubiera recomendado a Douglas el Negro que, llegado el caso, presentara batalla contra la morisma donde fuera, pero con su corazón colgando del cuello, ya que una negra y leprosa dama, armada de guadaña, le iba impedir hacerlo a él, como hubiera sido su deseo.

Sea como fuere, y digno buen vasallo de aquel buen señor, Douglas parte desde Monrose con otros seis caballeros y una mesnada de 26 hombres. Parece ser —aunque historia y leyenda suelen coserse por estos andurriales con el mismo hilo— que cuando el grupo llega a Flandes y allí se le juntan más guerreros, los esforzados adalides reciben la noticia de que Alfonso XI tiene entablada guerra contra el moro granadino.

Semejante «cruzada» parece más a propósito que la quijotesca de conquistar Tierra Santa, o tal vez guerrear junto al rey castellano fuera un buen aperitivo con el que santificar el viaje a Jerusalén; o el propósito pacífico del viaje se hubiera torcido allí con la promesa de buenos botines arrancados a los moros andaluces.

En cualquier caso, los escoceses deciden embarcarse a Sevilla y allí son recibidos por Alfonso con todos los honores, y enviados tras él a la conquista del castillo más alto de los montes de Ronda, desde donde puede dominarse un inmenso valle, festoneado por montañas de vértigo.

Ya están moros y cristianos enfrentados en las faldas del castillo de la Estrella. El rey cristiano jalea a los suyos con tanto ardor que los moros retroceden; los exaltados escoceses, poco duchos en algaradas andalusíes, dan la batalla por ganada, y el bravo Douglas se adelanta con los suyos a los castellanos, pidiéndoles a gritos que le sigan, para aplastar a los muslimes que, al parecer, huyen a la desbandada.

Pero voto a bríos que no hay tal, sino que la astucia de Osmin atrapa a los ilusos septentrionales en una encerrona típica de aquellos islamitas, el *tornafuye:* cuando la avanzadilla cristiana se ha internado en tierra enemiga lo suficiente, los moros regresan sobre sus pasos, acompañados de fuerzas que han permanecido ocultas, y envuelven a esta vanguardia escocesa, que no ha sido secundada en su heroico avance por los caballeros españoles; gatos al fin más que escaldados en tales lides.

Al escocés le ha llegado la hora del viaje sin retorno. Pero han dejado dicho los italianos que *un bel morire, tutta una vita onora,* y bien que honró la suya sir Douglas con su rabioso y altanero saludo a la Parca. Dícese —pero Alá es el más sabio— que hallándose rodeado y sin posibilidad de salvación lanzó a los enemigos el corazón de su rey y exclamó algo que sus hagiógrafos traducen más o menos como *¡Ve delante, que Douglas, como siempre, te seguirá o morirá!*

Murió el buen Douglas, que nadie se va a quedar aquí de muestra, y con él algunos de sus compatriotas. Pero el bueno y caballeroso Osmin, mucho más educado que sus adversarios, no se mostró cruel tras de su triunfo, como solían hacer los de Castilla, sino que gentilmente devolvió a los cristianos el cadáver del escocés junto con la joya que estuchaba el altanero corazón del rey Robert.

El cuerpo fue hervido en vinagre, al objeto de que los huesos mondos del fiel caballero pudieran regresar, junto con la preciada joya, a Escocia. Hasta allí lo llevaron los supervivientes de la expedición. Fue enterrado en la abadía escocesa de Melrose, que el Císter levantó en 1136, en cuyas impresionantes ruinas siguen transitando hoy, para asustar a los turistas, los fantasmas góticos de viejos monjes.

Por voluntad real, los descendientes de Douglas lucieron un escudo de armas en cuyo frontispicio había tres estrellas blancas de cinco puntas sobre fondo azur, emblema del Castillo de la Estrella, y debajo un rojo corazón sobre el que descansaba una corona.

El rastro del corazón de Robert se perdió durante siglos, por lo que su historia quedó relegada a la leyenda, pero fue felizmente reencontrado, hace poco más de veinte años, durante una prospección arqueológica efectuada en aquella abadía.

Teba no olvida avatares que tanto la ennoblecen. Hay una fiesta anual —el último fin de semana de agosto— que recuerda la gesta, donde resuenan por sus calles ora gaitas escocesas, ora guitarras españolas, donde pasean sus gracias ora manolas con faralaes, ora rubicundos caballeros con faldas a cuadritos sudando cerveza. Mientras, felices visitantes se atiborran con toda clase de embutidos y quesos cabrunos, propios de la región. Ya los quisieran para sí los franceses, que no hay cabras de leche más bravía que estas cabras de los montes de Ronda, olorosas de retama, de ojos celestes.

En una de las plazas principales de Teba se alza un pequeño monumento con sendas leyendas, en español y en inglés. La primera —con algunos errores ortográficos, lo que hace pensar que el monumento ha sido financiado por escoceses, sin intervención gramatical alguna por parte de españoles— reza literalmente:

Camino de la Cruzada fallecio (sic) Sir James Douglas luchando contra los moros al lado del rey don Alfonso XI cayo (sic) cerca del castillo Della (sic) estrella de Teba el 25 de agosto del ano (sic) 1330 Caballero lealisimo (sic) del rey Roberto I de Escocia y adalid optimo en las guerras de independencia Sir James el Bueno peregrinaba a la Tierra Santo (sic) bajo juramento de consagrar el corazón real del libertador de Escocia en el altar de la Iglesia del Santo Sepulcro en Jerusalén.

Escrita con o sin faltas de ortografía, ¡qué bella historia! En el centro del grandioso paisaje donde sucedió, un lugar tan propicio a las ensoñaciones como el torreón de este castillo, me dio por imaginar que el trozo de cerámica que guardaba en el bolsillo hubiera formado parte de una vasija, y que esa vasija sació la sed de alguno de los altivos guerreros que participaron en la gesta.

De modo que me propuse regresar al castillo de la Estrella un 25 de agosto, porque sentía infinita curiosidad por saber cómo se verían desde allí, esa noche, todas las estrellas.

Y también me dio por pensar que muchos otros caballeros que lidiaron por estas tierras, y llevaron a cabo gestas mal pergeñadas en crónicas dispersas; y que esos otros que guerrearon con las palabras para arrancarles música; y que aquellos que buscaban por estas soledades la música de Dios; y los de más allá, forajidos de la rebeldía frente a la injusticia, bien merecían que fuera tras ellos para que me contaran por qué sus tiempos se desvanecieron, pero nunca se fueron aquí del todo.

Así que he perseguido paisajes y leyendas de unas montañas donde habitaron antaño personajes poco reconocidos, cuando no injustamente olvidados; pero donde todavía pueden encontrarse seres humanos que resuenan dentro de uno como el tañido de la campana o la voz del muecín.

II. De monfíes, inquisidores y damas voladoras

HOMBRES Y ÁGUILAS — *HAMMÁN* DE SANGRE — LA LUNA EN EL GUADALETE — UN SAN SEBASTIÁN PUDOROSO — LA VENGANZA DE ALÁ — DELICIAS DEL CONVENTO

¿Se cayó, se encaramó?
Se desdobló en mariposa quieta.
Entre la verdad del agua
Y el sueño de la alta cuesta.
Arcos, dos arcos, dos alas.
Arcos prestos para el vuelo.
¿Y el Guadalete?
En el cielo.

JORGE GUILLÉN

El Castillo de la Estrella queda atrás, pero el recuerdo de su gesta me exalta, me borra la lepra de la melancolía. Camino de Ronda, mi metálica cabalgadura, ronroneando como gato satisfecho, me lleva a la siguiente etapa. Veo a pocos kilómetros de Teba, a la derecha de la carretera, un cartelito que indica la dirección de Cañete la Real. El día es tan amigable, el sol luce con tanta entereza y mi ánimo está tan exultante que decido desviarme, rumbo a lo desconocido.

Cañete es una joya, anclada en otro tiempo, a donde no llega el tiempo de los turistas. Imaginemos una Ronda en miniatura, no tan encrespada de tajos pero sí imbuida de la misma atmósfera sobrenatural, con un paisaje de lejanías defendido por altivos picos azules, que podría recordar a los fondos del Toledo pintado por el Greco si el Greco los hubiera concebido desde tan señera y señorial altura.

Otra imagen propongo, la de un habitante cualquiera de este Cañete singular, que saliendo de su casa a primera hora contemplara un cielo limpio y en él, dando cuenta de la majestuosidad de la vida, una serena multitud de águilas y buitres leonados que, despreciando la miseria de los hombres, flotara en la dulzura de altos aires sin más propósito que el placer del vuelo. Así lo hacen a todas horas, aprovechando las corrientes ascendentes que se generan en las faldas de la montaña que sostiene al pueblo, y es un gozo verlos.

Son las mismas águilas que por aquí encendieron la imaginación andalusí para crear una leyenda digna de los labios de Sherezade.

La cuenta Manuel Pérez Regordán, cronista oficial de Arcos de la Frontera, en su libro *Historias y leyendas de Arcos*. Allí leemos que en 1053 fueron invitados por el rey Almotadhir ibn Mohamed a una gran recepción en su Alcázar de Sevilla, varios jerifaltes de los alrededores, con el artero propósito de darles muerte por medio de una felonía al estilo de las que usaba nuestro *Deseado* Fernando VII. A medida que iban entrando en el *hammán*, de uno en uno, para recibir supuestos regalos de Almotadhir, un verdugo los degollaba, de manera que el vapor que salía del baño no era producido por el agua caliente, sino por la sangre derramada.

Una de las víctimas de este perverso personaje fue el walí de Arcos de la Frontera Abdul ibn Khazrúm, quien había dejado en la fortaleza de su ciudad a una esclava encantadora llamada Nanafassi, que en castellano quiere decir Violeta, y que no sólo era bellísima y hembra sumamente placentera para su dueño, de quien estaba enamorada hasta la extenuación, sino que anteriormente había pertenecido al mismo Almotadhir y el taimado, al parecer, quería recuperarla como parte del goloso botín que se prometía mientras sus tropas cercaban Arcos y arrasaban sus campos.

Sabedora de la muerte de su amante y señor, y odiando a muerte al despreciable Almotadhir, Nanafassi prefirió la muerte antes que caer de nuevo en sus brazos. Así que abrió los suyos y se lanzó al vacío desde las almenas de la torre del homenaje del castillo, que sigue coronando lo más alto del pueblo, en la cima de su vertiginoso acantilado.

¿Qué pasó entonces? Pues que nada más despeñarse, o poco antes de que eso sucediera, según se cuenta, sus brazos, que imaginamos encantadores, se transformaron en alas, gracias a las cuales los aterrorizados sitiadores contemplaron la lenta y maravillosa metamorfosis de la esclava, finalmente convertida en águila soberbia.

Te recomiendo que acudas en la noche de un viernes —día sagrado para el Islam— a Arcos de la Frontera, preferiblemente cuando la luna llena se refleje en las temblorosas aguas del Guadalete, para ver si es verdad lo que también cuentan, que esas noches el alado fantasma de la heroica esclava sigue planeando sobre las almenas del castillo. Han transcurrido más de mil desde que la leyenda se generó, pero Alá es el más sabio y sabe distinguir con justeza la verdad de la mentira.

Recorrí, de paso y muy por encima, Arcos de la Frontera, uno de los más bellos pueblos de España, y me prometí volver para verlo más despacio.

En Bornos, camino de vuelta a Cañete, paré a *Rocinante*, saqué mi libreta y, preso todavía de la belleza de Arcos, escribí:

Si te quedan brazos,
úsalos para abrazar a la que amas;
si te quedan piernas,
úsalas para subir las cuestas
de Arcos de la Frontera.

Regreso a Cañete, donde quedan algunos sillares levantados por las primeras hordas castellanas que justificaron su rapiña blandiendo a Santiago matamoros; también hay palacios de un señorío rural encantador, algunos de ellos abandonados a su mala suerte; iglesias dulcemente barrocas, en una de las cuales, la de San Sebastián, un pudoroso párroco ha colocado una banda roja, como de alcalde francés o cofrade mayor, en el pecho desnudo —muy desnudo, sin duda, a los ojos del susodicho cura— de la estatua de un bello santo que, aunque sin flechas, muestra sus varoniles encantos presidiendo desde las alturas el altar mayor. El propósito de dicha banda tal vez sea el de que las feligresas sigan por su beata senda y no se distraigan demasiado con torsos santos.

También hay en este encantador Cañete conventos que conservan intacta la ternura monjil del Siglo de Oro, plazas abiertas al rumor de fuentes que destilan la esencia cristalina de las montañas, aquí reunidas para proteger el castillo moro de *Isn Cañit*, de donde sale el nombre de este pueblo venturosamente perdido, y donde el pasar de la vida sigue discurriendo con lentitud.

Vuelvo a este pueblo y me sorprende que lugar tan hermoso no tenga oficina de turismo, aunque luego reflexioné que tanto mejor. Así que acudo a su Ayuntamiento para ver si me dan alguna información.

Me recibe un funcionario bigotudo, con lentes dignos, por lo redondos, de don Francisco de Quevedo, haciendo gala de cordialidad antigua. Me da un folletito, demasiado modesto en comparación con la grandeza del lugar, donde se informa bien sucintamente de las glorias locales, y luego me colma de indicaciones precisas sobre dónde comer mejor.

Tras cumplir sus indicaciones gastronómicas regreso a la plaza mayor, donde hay una fuente de cuatro caños que regalan el agua desde las bocas de cuatro moros en piedra representados; y una escultura de la santísima Virgen de los Caños, patrona patronímica del lugar por derivación semántica de su nombre moro, *Cañit*, que al parecer también significaba caño en la parla agarena.

De ese nombre deriva la expresión *coños santos* con que eran nombradas las mozas del lugar por los mozos de pueblos vecinos, no se sabe si porque les parecían muy liberales o muy estrechas.

Bebo agua en un caño de la fuente de los cuatro moros y me encamino a un convento cercano cuya fachada también se muestra en la plaza.

Es el convento del Santísimo Sacramento, de la Orden de las Carmelitas Calzadas, fundado en 1645 por don Melchor de Rojas y Saavedra, natural de la villa y rector de la Universidad de Osuna. Las monjitas están allí, sin solución de continuidad, desde el 10 de diciembre de 1662, a no mucho de haberse acabado la rebelión de los moriscos. Los últimos atrincherados en las Alpujarras; los disimulados en el Albaicín granadino, en la Axarquía malagueña y en las alturas rondeñas, fueron oficialmente expulsados en 1611, pero está claro que no todos se fueron, y hasta es posible que no todos fueran desarmados.

¿Por qué tiene este convento en su fachada contrafuertes que recuerdan a una fortaleza? Y otro por qué, el de que las rejas de una de sus ventanas disponga de muchos y muy agudos pinchos horizontales, largos y arracimados como en las camas de los fakires. ¿Cuya única finalidad no fuera, posiblemente, otra sino la de quitar el miedo a quienes vivían dentro de sus espesos muros? O, por el contrario, ¿existía aún la posibilidad de un ataque monfí procedente de las cercanas montañas?

Todavía está lejos de escribirse, con la serenidad que merece, la historia islámica posterior a la nebulosa expulsión de los moriscos en estos apartados cerros. Lo mismo ocurre con la más reciente, pero no menos sangrante, historia de los guerrilleros republicanos que los poblaron y de la represión de que fue objeto una gran parte de este pueblo por parte de sus regresados caciques, una vez acabada oficialmente una contienda que nunca se acabó.

Fueron llamados monfíes los musulmanes que recurrieron al amparo de la sierra para sobrevivir como bandoleros, tras haber sido despojados de todo, salvo de su fe y de sus señas de identidad. Bajaban de noche a los poblados cristianizados, en una singular «guerra santa» que consistía en robar para comer, en nombre de Alá, y tratar de vengarse de los conquistadores, particularmente de un clero que blandía santas inquisiciones para justificar tropelías y crucificarles sus raíces.

¿Durante cuánto tiempo sobrevivieron los monfíes en tan precarias condiciones? Nadie puede saberlo con exactitud, y los descendientes de quienes tal vez podrían, no quieren hablar de ello para evitar toparse con los descendientes de quienes robaron y humillaron a sus abuelos: varias veces he intentado en vano contactar con ellos.

Como los guerrilleros antifranquistas, que por aquí abundaron, los monfíes fueron perdiendo poco a poco el apoyo de los campesinos que, cristianos de boquilla y bautismo obligado, todavía rezasen mirando a la Meca; y así llegaron, abandonados por todos, a esa terrible soledad que precede a la muerte en sus peñascos inaccesibles.

Monfí, del árabe *munfi*, significa desterrado o exiliado, del mismo modo que bandolero quiere decir perseguido por la justicia tras haber sido pregonado su nombre en un bando. Monfíes, y bandoleros han campado por estas montañas desde hace mil años, por lo menos, y aunque existen muchas similitudes entre unos y otros también hay notables diferencias, pues los primeros siempre fueron víctimas de la injusticia, mientras los segundos, aunque víctimas también de situaciones sociales injustas, solían refugiarse en el monte tras cometer algún crimen perseguidos por la justicia.

Pero unos y otros, como los últimos rebeldes republicanos, se veían obligados a robar y a veces a matar, como único medio de supervivencia, cuando no podían contar con la ayuda clandestina de los campesinos.

En 1570 los castellanos, no ha mucho tiempo dueños de Al Ándalus, deciden dar una última vuelta de tuerca, con ayuda de órdenes militares e inquisidores, a los moriscos, rebeldes a causa del creciente deterioro —pese a lo pactado— de sus condiciones de vida, mientras nobles y sacerdotes la tenían regalada hasta el escándalo.

Pueblos enteros decidieron entonces hacerse monfíes, abandonaron sus casas y pertenencias y huyeron al monte con sus mujeres, hijos, ganado y cuanto pudieron transportar. Buscaban lugares inaccesibles y desde allí bajaban para dar sus golpes de mano en caminos, ventas y aldeas. Sus objetivos preferentes eran mercaderes, jueces, agentes de tributos y curas; es decir, los representantes más conspicuos del nuevo orden.

Aquellos últimos musulmanes españoles armados, que no quisieron renunciar a su fe, murieron en la horca, en el potro o en la hoguera, o bien ofrecieron sus desamparados huesos a la montaña para que el viento de Alá los elevara al paraíso.

En Cañete, sin embargo, parece que el fenómeno monfí no tuvo la virulencia que en otros lugares de Al Ándalus, según me dice el secretario de su Ayuntamiento, Francisco José de los Riscos, el que se parece a Quevedo, con quien converso en su fresco despacho municipal mientras afuera, los siempre rientes pájaros andaluces nos regalan con matinales algarabías.

Lo que sí hubo a partir de 1482, con la caída de Ronda, dice el edil, fueron conversiones masivas que, si bien eran más aparentes que otra cosa, fueron aceptadas como de protocolo obligado por las fuerzas de Castilla. Francisco José añade que la expulsión de los judíos fue aquí más violenta que la de los moros porque, al fin y al cabo, cuando llegaron los caballeros del Sur repoblaron mayoritariamente estas tierras con beréberes del norte de África, afines con la población autóctona de iberos y tardorromanos.

Sí hubo represión, y violentísima, en este municipio, me dice el secretario, tras la guerra civil, cuando regresaron los antiguos latifundistas a recuperar sus privilegios, en un pueblo donde existía una enorme diferencia de clases, y usaron una desmedida ferocidad con quienes se habían atrevido, durante tres largos años, a plantarles cara. Una postguerra teñida de sangre, con su cohorte de vesanias y fusilamientos de madrugada y fosas clandestinas que ahora comienzan a salir a la luz.

Pero las monjitas de Cañete, que gozan de toda mi simpatía, ninguna culpa tienen de todo aquello.

Para quitarme el mal sabor de boca que me produce el recuerdo de aquellos lejanos monfíes, y de estos otros monfíes republicanos del siglo XX, me acerco al torno de su convento amurallado, que soy dulcero de obradores santos.

Junto a ese torno, en una vitrina, estas benditas calzadas del santo Carmelo pregonan con el ejemplo su celestial mercancía; destacan especialmente unas *Tortas de Caños Santos*, así denominadas en un papelito junto al cual reposan varios ejemplares de las susodichas; con un aspecto delicioso que, Dios me perdone, por un caso de cerebración inconsciente, que diría don Rubén, me trae a la memoria la jocosa denominación que a las mozas cañeras otorgaban los mozos de pueblos vecinos.

Me acerco al torno, digo, que las hermanas torneras son hermanas de mi más reverenda gula, pero ay, que es hora de recogimiento y no se abre la recatada puertecilla giratoria sino hasta las cinco de la tarde. ¡Otra vez será!

Lástima que no pueda perpetrar la cortesía que junto al cerrado torno aconseja una inscripción:

¡¡Oh!! Cuán ingrato sería
quien a esta casa llamase
y al penetrar se olvidase
de decir: «Ave María».
Como quien dentro y oída
expresión tan celestial
no respondiera puntual:
«Sin pecado concebida».

Amén.

Algún tiempo después, sin embargo —concretamente un 20 de septiembre en el que comenzaba Ramadán— el destino me regaló la ocasión de volver al convento y, esta vez sí, de hacer que girase, movido por la mano de una tornera de Kenia nada menos, que por su raro acento le pregunté, el torno otrora vedado a mi glotonería. Puedo asegurar, y aseguro, que las Tortas de Caños Santos que elaboran estas santas señoras —siguiendo recetas y tradiciones islámicas, aunque añadiendo cristiana grasa de cerdo— son crujientes de hondo crepitar e intensas como los besos de aquellas huríes imaginadas en los largos días del Ramadán, cuando gula y lujuria son postergadas a la dulce noche, para purgación y también contentamiento de los hijos de Mahoma.

Con las susodichas tortas en mi mochila me acerqué a un bar de la plaza, donde con la caña de cerveza me sirvieron como «tapita» tres inesperadas rodajas de berenjena frita recién hechas. La maravillosa berenjena, oriunda de la India, fue insertada entre nosotros por obra de moros. Así que Alá es grande. Y sabio, aunque nadie haya tenido ocasión de constatarlo personalmente, por aquello de la intangibilidad propia de los dioses, tanto si son únicos como si son variados.

III. Ronda de poetas

LA CIUDAD MILAGROSA — RILKE Y EL CORÁN — ÍCARO CON TURBANTE — LA FASCINACIÓN DEL ABISMO — EL EMPERADOR *NAPOLADRÓN*

Aquí corre un aire fuerte y magnífico, las montañas se abren para entonar salmos por sus vertientes y, apilada sobre una meseta, se levanta una de las más antiguas y extrañas ciudades españolas.

RILKE, carta a Sidonie Nádherny desde Ronda, 1912.

Cada vez que llego a este centro del universo que es Ronda me sorprende lo mucho que la desconozco, por más que la conozca; algo parecido me ocurre en Córdoba, pero aquí el misterio del que dimana esta sensación es sobrecogedor. Rilke ha sido uno de los pocos viajeros capaces de imbuirse de ese misterio hasta las raíces más íntimas del alma; hace falta ser muy valiente o muy desarraigado para ello, como también hace falta disponer de ambas características para no resistirse a la tentación de quedarse aquí para siempre. No a vivir, sino a soñar.

Bien sabido es que lo que más se clava de Ronda, aparte de su impresionante tajo, es lo mismo que impresiona de Teba o de Cañete la Real, sus encrespados horizontes, abiertos a lejanías sobrenaturales. Pero en Ronda, estas lejanías se adelgazan hasta un lirismo de escalofrío, capaces como son de contener cuantos cielos esperables sean posibles.

Situándose en el puente de ese tajo que parte en dos, vertiginosamente, el corazón de la ciudad, se contemplan los entresijos menos carnales de uno mismo en forma de generosidad terrestre, de grandeza aérea, de impetuosidad contenida, de extática presencia. Es difícil resistirse aquí a la tentación de creer en Dios, puesto que Ronda crea a Dios: como le fue difícil a Rilke abandonar el Conocimiento que le regaló una Ronda a la que nunca más volvería.

Rilke bebió la misma atmósfera que envolvía al poeta sufí Ibn Abbad, llamado al-Rundí, el Rondeño, el último gran místico andalusí, nacido en esta ciudad milagrosa en 1332 y muerto en Fez en 1389 sin haber conocido en su vida, según parece, los gozos de la carne, aunque sí, abundantemente, los del espíritu. Asín Palacios y otros autores lo consideran el venero más abundante de cuantos hicieron germinar la poesía de aquel sufí disimulado que fuera Juan de la Cruz. Juan Goytisolo, por su parte, lo sitúa como creador de un simbolismo *avant la létre,* haciendo de él un Rimbaud con turbante, al citar estos versos suyos:

La copa era tan pura y tan límpido el vino
que se confundían al extremo de no saber si
allí había vino sin copa o una copa sin vino...

Límpida copa de los atardeceres donde cielo, montañas y nubes componen una sinfonía inolvidable, una música callada que habla de la materia cambiante como metáfora de las estaciones del alma. Bendito sea por siempre, bendito y alabado, aquel sufismo musulmán regado por la luz de Ronda, una de las pocas de este mundo que pueden otorgar paz a los hombres. Y bendito aquel Ibn Abbad rondeño que, para consolar la aflicción de un amigo injustamente herido, le escribe lo siguiente:

¡Qué Dios nos conceda la tranquilidad que revive corazones y mentes, y un reposo que brille con la luz de la tarde! Con estos dones nos podemos despreocupar de quienes nos intentan atormentar y de quienes se levantan y de quienes se sientan. Al contrario, podemos encontrar en ello una causa para reflexionar, una forma de recuerdo y un motivo para alabar a nuestro Señor, el único merecedor de ello. Un hombre sabio dijo:

«Quien mira a la gente desde su propio punto de vista se enzarza en la discusión con ellos. Quien lo mira con la vista de Dios los disculpa».

La luz de la tarde embriagaba los ojos de Rilke en su visita a este enclave donde el universo se miraría, de ser ello posible, con los ojos de Alá. Rilke tradujo como nadie el alma de Ronda, y aunque no hay mención explícita a esta ciudad en ninguno de sus poemas, la atmósfera rondeña impregnará algunos de los mejores que aquí escribió, entre ellos su famosa *Trilogía española*:

> *...Ojalá que al volver, en soledad, a la aglomeración*
> *de las ciudades y al ovillo enredado de ruidos*
> *y tráfago confuso de vehículos,*
> *ojalá que, por encima del espeso bullicio,*
> *esté conmigo el recuerdo del cielo y el borde terroso*
> *de la montaña, en el horizonte, por donde el rebaño*
> *torna a la majada...*

El poeta se mimetizó de tal manera con la ciudad vertiginosa, que allí permanece desde entonces como una de las claves esenciales para entender su perfume indeleble, no sólo en sus piedras viejas: en el aire mismo, en los tornasoles de sus atardeceres, en los aljamiados trazos de sus aves en vuelo, en su silencio telúrico, rasgueado en el amanecer por la algarabía matinal de unos pájaros que nos traducen el lenguaje de los dioses.

Son las cinco de la tarde, la hora anglosajona del té, la hora española de la muerte, la hora eterna de Federico García Lorca. Gasas nubosas comienzan a bailar con la luz, sobre las lejanas montañas se producen magníficos rompimientos de gloria. Atravieso los jardines que defienden el hotel Reina Victoria, tan victoriano que lo construyeron los ingleses en tiempos de la reina Victoria y desde entonces su victoriano estilo no se ha modificado un ápice —se modificaría poco después de mi visita, no sé si para bien o para mal.

Muestro al conserje mi carné de periodista con el propósito de que me franquee la entrada a la habitación donde estuvo el poeta, conservada como un pequeño museo. No sólo consigo ese propósito sino que, para mayor ventura, se me ofrece generosamente la llave para que visite esa habitación, la 208, en soledad.

Mi mano no tiembla, pero sí mi pecho, cuando introduzco esa llave en la cerradura. Es apenas un cuarto, no hay cama ni espacio para ella, pero sí, a la izquierda, para una pequeña mesa sobre la que se apoyan dos plumillas de la época, una con mango rojo y otra con mango verde, un tintero de bronce, un quinqué amarillo y, sostenidas por un búcaro de cristal, seis rosas artificiales. A la derecha, una librería con obras del poeta en varios idiomas, dibujos, recortes de prensa, poemas mecanografiados, una factura del hotel enmarcada, en inglés, donde se certifica una estancia de Rilke, del 29 de enero al 2 de febrero de 1913, por valor de 147,00 pesetas, un antiguo reloj de mesa con una sola aguja que señala la una y diez minutos.

También hay una chimenea con fotos de Rilke, y en otra pared dos fotografías del final: el cementerio suizo de Muzot y la tumba del poeta. Frente a la puerta se abre una ventana al infinito de esas montañas ultraterrenas. Rilke veía todos los días aquello mismo que yo guardo con más hondura en el precario trabazón de la memoria. El silencio es majestuoso, un silencio que realza, como marco perfecto, la intensidad del paisaje que se abre al otro lado de la ventana.

Rilke estuvo hospedado en este hotel fuera de temporada, cuando no había allí casi nadie, desde el 10 de diciembre de 1912 al 24 de febrero de 1913. De su amplísimo epistolario pueden entresacarse algunas notas sobre su estancia en Ronda. Escribe: *No hay cosa más inesperada en el mundo que esta ciudad española, salvaje y montañesa… Estas montañas jamás sojuzgadas… Fue un maravilloso acierto haber dado con Ronda, en la cual se resumen todas las cosas que yo he deseado…*

Hay, enmarcados, algunos de sus poemas. Transcribo versos del que más me gusta:

> *¿Sabes que te trenzo fatigadas rosas*
> *en el pelo, que agita leve un viento doliente?*
> *¿Ves la luna, como una medalla*
> *de plata pura, con una imagen acuñada:*

una mujer que, sonriente, lleva oscuras espinas?
Este es el signo de nuestras noches de amor.
¿Sientes las rosas en la frente morir?
...
Allí están muertas. Su dolor era quedo y grande.
Ven a la noche.
Y somos herederos de las rosas...

Pocas veces un creador buscó con más desesperación la soledad, una *soledad sonora* a fuerza de privación y sufrimiento. Porque para Rilke, la poesía era como un tren subiendo fatigosamente una montaña para superarse en altura, una especie de *ascensión al Monte Carmelo* donde la parada fuera peor que la muerte.

Inconscientemente buscó circunstancias adversas, un hotel helado, medio vacío en pleno invierno, sin apenas gente con quien hablar, en una ciudad misteriosa y antigua que había salido a su encuentro por casualidad, buscaba todo ello porque esas dificultades estimulaban su creatividad, perdida en otra ciudad de su viaje, Toledo, donde tuvo al alcance de la mano toda clase de comodidades y no pudo escribir una línea.

Tuvo en Ronda un reencuentro, desnudo y feroz, consigo mismo. Entregado por completo a su arte, generosamente subvencionado, en este periodo de su vida, por amigos aristócratas, se vio obligado a descender por los tajos de sus infiernos interiores, y allí permaneció, en el reino de la angustia, como un saltador de pértiga que hubiera puesto su límite demasiado alto.

Pero Ronda no es sólo vertiginosa por sus profundidades, también lo es por las alturas que se pueden alcanzar. Sin darse demasiada cuenta de ello, la ciudad le había permitido realizar un doloroso *descensus ad inferos*, necesario, como en los ritos iniciáticos de la antigüedad, para poder luego volar a los nimbos más elevados: la verticalidad de Ronda, la verticalidad más genuina del espíritu andalusí, le regaló esa citada *Trilogía española* que se cuenta entre los poemas más bellos y novedosos de toda su producción.

Rilke es un zahorí. Ve más allá de los paisajes y se embriaga con mensajes que guarda, para unos pocos, el silencio sideral de estos peñascos, donde han quedado grabados el sufrimiento y la esperanza de los hombres. Aquí lee El Corán, lectura que inició en la ciudad de los califas. *Desde que estuve en Córdoba* —escribe a su amiga Marie von Thurn und Taxis— *me he convertido en un anticristiano casi furibundo...*

¿Por qué? Él mismo lo explica:

Córdoba. ¡Esta mezquita! Es una pena, una tristeza, una vergüenza lo que han hecho con ella. Esa iglesia enmarañada en su interior. Dan ganas de pasarle un peine, como a los nudos de unos hermosos cabellos. Han adosado unas capillas oscuras para digerir de manera suave y constante a Dios, como el jugo de una fruta.

En Ronda lee El Corán, *y en algunos fragmentos* —continúa la carta— *parece que me habla con la misma voz que me hace tomar enérgica posesión de mí mismo, igual que el viento en el órgano. Se suele decir que este es un país cristiano, pero hace mucho que el cristianismo pasó aquí a mejor vida... Ahora lo que cunde es una indiferencia casi sin límites; iglesias vacías, iglesias abandonadas, capillas que se mueren de hambre... En todo caso, lo más cercano está en Mahoma, que, como el río por una montaña originaria, se abre paso en dirección a un Dios único con el que uno puede entenderse magníficamente cada mañana sin usar el «teléfono Cristo» y preguntar todo el rato: Hola, ¿hay alguien ahí?, sin obtener respuesta.*

La vida atormentada, pero fértil, de este poeta sediento que pudo saciarse en Ronda, acabó catorce años después. Estando en el castillo suizo de Muzot, en el cantón del Valais, el llamado «poeta de las rosas» arrancó algunas para su antigua amante, Lou Andreas Salomé, y se hizo inadvertidamente un corte en el dedo, o bien le pinchó una espina. Murió al cabo de un mes, en el sanatorio de Velmont, cerca de Montreux, a causa de una leucemia, según unos, o de una septicemia, según otros, el 29 de diciembre de 1926.

Apenas había cumplido 50 años, pero pocos de sus contemporáneos consiguieron viajar tan intensamente. Tan solitaria y desesperadamente, porque el objeto del viajero no era sino hallar luz en la más oscura nada de sí mismo: llegó a Ronda con el corazón seco y oscuro.

Pero en Ronda desapareció la sequía y vino la claridad: de la misma manera que esta ciudad colgada de un poema bebe la majestuosa luz de sus atardeceres, como si la pesantez de sus peñascos adivinara que aquella luz fuese una impronta de la eternidad.

Por eso Ronda fue su viaje cenital. Su espíritu bebió de las tranquilas aguas del Guadiaro y, sosegado por ellas, desplegó sus alas…

Cuando le devuelvo las llaves al conserje, me atrevo a darle dos recomendaciones: que tengan a disposición de los clientes algún folleto sobre la estancia en el hotel del poeta, y que quiten las flores artificiales de su habitación para sustituirlas, renovándolas, por rosas verdaderas.

Ronda, abierta eternamente a las alturas, otorga la facultad del vuelo, tanto al que la visita como al que en ella nace. Se la dio a otro poeta que nació aquí, en el año 188 de la Hégira, 810 de nuestro cómputo, y se la dio tan fuerte y verdadera que un día soñó que volaba y acabó convirtiendo su sueño en realidad.

Primero intentó, como buen poeta andalusí, que sus poemas tomaran prestadas las alas del corazón. Pero tal vez la sed de lejanías que despertara en su infancia el paisaje rondeño le impidió conformarse con el vuelo de las palabras; de modo que, Ícaro con chilaba, averiguó cómo era el olor del aire que perfuma a la ciudad de Córdoba cuando sólo hay aire bajo los pies. Quiso volar y parece que fue, aunque de forma bastante imperfecta, el primer hombre que lo consiguió. Al menos, no se tienen noticias de que hasta entonces lo hubiera logrado nadie.

Se llamaba Abul Kasim Abbás, hijo de Firnás y nieto de Wardás, o más someramente, Abbás ibn Firnás. Nació en una familia de origen beréber cuyos antepasados participaron en la conquista de la Península. Era osado, audaz, altanero, sensible y uno de los más brillantes cerebros que produjo Al Ándalus en ocho siglos. Voló y tras el vuelo se dio el habitual batacazo de casi todos los que inventan un camino nuevo e intentan transitar por él.

Imaginó que para volar como las aves habría que disfrazarse de ave y así lo hizo, vistiéndose de plumas entretejidas en una malla de seda, según cuentan algunos, tal vez demasiado imaginativos. De ser cierto lo del disfraz —que vaya Alá a saber— sospecharía con buen juicio que aquello no bastara, así que, con disfraz emplumado o sin él, añadió a la hipotética vestimenta un artilugio que lo sostuviera en el reino de Eolo, uncido a la espalda y asido a los brazos para imitar el vuelo articulado de las aves.

Antes de que semejante invento —del que no se sabe muy bien lo que fuese— demostrara su relativa inutilidad, y tras la carrerilla correspondiente que efectuó según unos desde una colina de la Ruzafa, o según otros sin carrerilla alguna, sino dejándose caer desde un alminar de aquel arrabal cordobés, logró deslizarse en el aire, siquiera fuese durante unos triunfales segundos, que algunos prolongan a minutos; el asombro, entonces como ahora, hace olvidar la duración del tiempo.

La multitud se congregó, pues tuvo que ser muy digno de verse, en aquella Ruzafa cordobesa, el espectáculo de un intrépido aeronauta que a los sesenta y cinco años, nada menos, agitaba sus alas de pega —si es que no se adelantó a nuestra época con algo parecido a un ala delta— y tal vez daba algún que otro alarido —el *Alahú*, invocación a Alá que profieren las tropas musulmanas al iniciar un ataque—, un alarido, digo, para bendecir al Todopoderoso por la inefable experiencia de sostenerle en sus celestes ámbitos.

Pero los vuelos del hombre son tan precarios como su destino, debió de pensar nuestro alado vate al recobrarse de su grave caída, en la que se fracturó las piernas y se dañó seriamente el espinazo. Con secuelas que le amargaron los doce años que le quedaban para morir en Córdoba, que no es mal lugar para vivir ni para morir. Un afamado pontífice contemporáneo, al que nos referiremos más adelante, sostiene sin embargo que cayó con relativa suavidad sobre las aguas del Guadalquivir.

Pero según viejas crónicas no amerizó, sino que aterrizó de culo y, obviamente, contra el viento. Así lo refiere Al Macari en su libro *Analectes*, y también Mumín ibn Said en su obra titulada *Mugrib*. Si se vio obligado a amortiguar con el trasero el batacazo que sufrieron sus intrépidos huesos, eso ocurrió —comenta, socarrón, este último cronista— porque el poeta no tuvo en cuenta que los pájaros, para posarse, se valen de su cola, y la fantasía del volante improvisado, aunque abundosa, no alcanzaría a imaginar el aditamento de una cola emplumada a su precaria condición de bípedo implume.

Y encima, le rieron la gracia, pero con muy mala leche. El ya citado Mumín ibn Said, que además de escribidor de crónicas era también poeta y enemigo declarado del nuestro, satirizó la experiencia con una puñalada trasera llena de versos venenosos. Uno de ellos decía que quiso aventajar el vuelo del grifo arropándose en las miserables plumas de un buitre viejo.

Todo ello ocurrió en la espléndida Córdoba de Abderramán II, a donde Ibn Firnás acudió desde Italia llamado por el emir, deseoso de conocer aquel compatriota, sabio de múltiples disciplinas, que era famoso en Florencia, donde trabajaba, por haber construido una clepsidra de flujo constante y otros notables ingenios.

Una vez en Córdoba, a donde llegó en calidad de médico, y al amparo de un Omeya que se adelantó a Lorenzo el Magnífico por su munificencia con científicos y artistas, Ibn Firnás dio rienda suelta a su ingenio en muy diversos campos, desde la astrología a la medicina, pasando por la mecánica, la alquimia, el álgebra, la magia, esa hermana de la poesía que es la música y, como no podía ser menos, la misma poesía, que enseñó a vates bisoños, en el supuesto de que tal don pueda enseñarse.

A él se debe, entre otras cosas provechosas, el desarrollo en Al Ándalus de la técnica del tallado del cristal de roca, lo que significó un importante ahorro económico porque hasta entonces sólo en Egipto sabían facetar el cristal y había que importarlo de aquel país.

Ibn Firnás era un claro ejemplo de aquella noble actitud islámica de hace mil años, según la cual no había contradicción entre la verdad natural y la verdad divina. En consecuencia, no podía haber dogma capaz de entorpecer —¡Pobre Galileo!— la investigación de la realidad ni negar los resultados de esa investigación. De modo que, para el pensamiento andalusí, la práctica de las artes y el conocimiento de las ciencias podrían convertirse en sendos caminos, paralelos y complementarios, para acercarse al Creador que los había trazado.

Recientemente se ha levantado sobre el Guadalquivir un puente que rememora la hazaña de aquel pionero aéreo; un puente que, como es lógico, está cercano al aeropuerto de Córdoba. Su pontífice, el ingeniero José Luis Manzanares Japón, lo bautiza como «una estructura épica», un homenaje «al primer vuelo de la humanidad»; en su centro se abren, para tocar ambas orillas, sendos armazones que recuerdan la curvatura de las alas, y allí existe una figura que igualmente recuerda, idealizada, el perfil de un hombre cuyos brazos palmeados le permitieran sostenerse en el aire.

Las obras, iniciadas en 2006, se desarrollaron lentamente, lo que enfadó a los cordobeses; aunque el enfado no impidiera que el llamado gracejo andaluz se manifestase en estos estoicos ciudadanos bautizando las despaciosas obras como «el puente del Habas».

Añadiré que en la Luna, patria natural de los poetas, existe un cráter que lleva el nombre de Abbás ibn Firnás; no porque su fama de versificador haya llegado hasta nuestro satélite —aunque posiblemente lo mereciera— sino porque el poeta rondeño, primer espejo de los polifacéticos Leonardos que han enriquecido a Occidente, entre otras muchas cosas también era astrónomo notable; fue el primero que utilizó en Occidente unas tablas, de origen hindú, sobre las que se basó el posterior desarrollo de la astronomía europea. Gracias a ello, y una vez desvelado el rostro oculto de la Luna por el ingenio ruso Luna 3 en 1959, alguien tuvo la idea de bautizar con el nombre de nuestro poeta a uno de los hasta aquella fecha nunca vistos cráteres, de 89 kilómetros de diámetro.

Bien podemos decir que si el vuelo que intentó fue precario, la fama del rondeño Ibn Firnás ha volado hasta la Luna, por más que en nuestro país su vida y obras hayan quedado relegadas a un ominoso olvido, y su figura siga tan oculta, o casi, como lo fue hasta 1959 la cara de Selene que no se ve desde la Tierra.

Aunque últimamente ya no tanto, porque el nombre de Ibn Firnás no sólo designa a un puente cordobés, sin que sigue sobrevolando los montes de Ronda: lo ha adoptado una escuela de parapente de aquella ciudad.

En el mundo musulmán sí que se acuerdan, y mucho, de este rondeño universal: en Libia han editado sellos de correos que lo conmemoran; en el centro comercial Ibn Battuta de Dubai cuelga del techo una enorme maqueta que nos lo presenta asido a una especie de ala delta y finalmente, el aeropuerto de Bagdad no sólo lleva su nombre, sino que una estatua suya lo preside a su entrada en actitud de iniciar el vuelo con un par. De alas artificiales.

Hoy hace un frío terrible. Está nevando. Los dedos se agarrotan frente al ordenador, y no queda más remedio sino lamentarse porque el paso del tiempo acabe cubriendo, como una nevada eterna, la memoria de los hombres. Pocos y no demasiado brillantes versos han llegado hasta nosotros de éste que fue —no quiero imaginarlo de otra manera— un grandísimo poeta. Olvidemos esos pobres despojos y evoquemos aquella brillante primavera cordobesa —primer faro que apuñaló la noche medieval— donde la voz y la música de Ibn Firnás perfumaban la ciudad de su vuelo compitiendo, sin duda, con aquella falsa nieve de los almendros en flor que un califa sembró en Medina Zahara para complacer a su favorita.

El tiempo nunca paró, el tiempo fue el lento traidor de Al Ándalus y así lo lloraron sus poetas; poco a poco lo fue desmembrando, y los que otrora fueran heraldos del almendro florecido se convirtieron en portavoces de la melancolía.

Así nos lo confirman los versos de otro rondeño del siglo XII, Abu Al Baqa Salah al-Rondí, más conocido como Abulbeca de Ronda. Con versos de pie quebrado y tema que recuerda a Jorge Manrique, se lamenta de la disminución territorial andalusí, perpetrada por Fernando III, en un poema traducido por Juan Varela del siguiente modo:

Cuanto sube hasta la cima
desciende pronto abatido
a lo profundo.
¡Ay de aquél que en algo estima
el bien caduco mentido
de este mundo!
En todo terreno ser
sólo permanece y dura
el mudar.
Lo que hoy es dicha o placer

será mañana amargura
y pesar.
Es la vida transitoria
un caminar sin reposo
al olvido;
plazo breve a toda gloria
tiene el tiempo presuroso
concedido.
¿Qué es de Valencia y sus huertos?
¿Y Murcia y Játiva hermosas?
¿Y Jaén?
¿Qué es de Córdoba en el día,
donde las ciencias hallaban
noble asiento,
do las artes a porfía
por su gloria se afanaban?
¿Y Sevilla? ¿Y la ribera
que el Betis fecundo baña
tan florida?

Otros poetas andalusíes hubo en la ciudad de los altos precipicios, mas fueron lo bastante numerosos, porque Ronda es una poderosa fuente de inspiración, como para que sus poemas se diluyeran en el remanso de la mediocridad. Recíbalos con los brazos abiertos el olvido, y amémoslos por sus buenas intenciones cuando también nosotros caigamos en esos brazos.

Hay una Ronda aérea como hay una Ronda trágica, de negras intenciones, la que no se resiste a la fascinación del abismo. De vez en cuando, pero con mucha más frecuencia de lo deseable un turista, venido de cualquier confín del mundo, decide despeñarse desde el puente del tajo rondeño para mezclar su sangre con el agua del río que allá abajo se desliza en su propia serenidad. Eso ocurría, según me dijeron, cada dos o tres días. Tal vez ahora ya no sea un espectáculo tan frecuente. Me gustaría creerlo así, por más que la desesperación sea tan humana como la esperanza.

También lo es la crueldad, esa misteriosa pulsión que busca regocijo en el daño ajeno; misteriosa, porque ningún humano de bien es capaz de comprenderla. Muchas se cometieron durante la francesada, y Ronda fue el escenario de una de las más atroces.

El 19 de noviembre de 1809, tras la derrota del general Castaños en Ocaña, el tristemente bondadoso rey José decide tomar el mando nominal de su ejército para invadir Andalucía, ahora que su augusto hermano se lo permite, aunque el mando efectivo lo ejerce el veterano mariscal Soult, duque de Dalmacia.

El cuarto mando de ese ejército devastador lo ejerce el general Sebastiani, uno de los personajes de peor ralea de la otrora magnífica *Grande Armée*, quien penetra en Andalucía por Villanueva de los Infantes hacia Montizón ejerciendo toda clase de felonías. Después de tomar Granada, Sebastiani entra en Málaga el 5 de febrero de 1810 a sangre y fuego; durante varios días se suceden los saqueos, los maltratos y los asesinatos en una población indefensa y desesperada.

Ronda es la primera población andaluza que se subleva, al conocerse la ocupación francesa de Sevilla. Sublevación efímera, pues cuando Sebastiani entra en la ciudad con seis mil hombres, los que podían ofrecer alguna resistencia han huido a la sierra. De modo que ya puede entrar en la ciudad de los abismos aquel rey tan empedrado de buenas intenciones como perseguido por la maldición de tener al emperador *Napoladrón*, como le llamaban los andaluces, por hermano.

Va a entrar, por fin, José I en Ronda, donde tiene la intención de hospedarse en el palacio de Moctezuma. Pero poco antes de llegar, un grupo de guerrilleros ataca la comitiva, logra aislar a la carroza real de su escolta, y cuando están a punto de hacer prisionero al rey, el general Sebastiani logra salvarlo tras una carga en la que hace gala de aquella audacia que preconizaba Dantón, pues se enfrenta con un reducido grupo de soldados a cincuenta guerrilleros armados hasta las pestañas. Los guerrilleros son apresados, pero a petición del rey se les respeta la vida.

Pasa el injustamente llamado Pepe Botella —mujeriego, pero no borracho— varias jornadas en Ronda entre agasajos, saraos, lances galantes y corridas de toros. Pero nada más dar la espalda a Ronda José I, Sebastiani saca de la cárcel a los guerrilleros y los despeña uno a uno por el tajo. Al día siguiente los serranos toman por sorpresa la ciudad. Cien soldados franceses, dos por cada guerrillero de Ronda, son ejecutados.

Lo de despeñar a la gente era costumbre muy arraigada en este país, y no meramente invento francés. ¿Sabes por qué se llama Despeñaperros el desfiladero que abre las puertas de Andalucía? Por si no, te diré que tras la batalla de las Navas de Tolosa, los numerosos prisioneros moros fueron desde allí arrojados al vacío. Al fin y al cabo eran «perros infieles», denominación que los cristianos daban a los musulmanes y los musulmanes a los cristianos. Españoles y franceses, moros y cristianos: la misma jauría con diferentes collares.

Que Alá el Clemente, el Misericordioso, nos perdone a todos.

Si es que no somos capaces de perdonarnos nosotros mismos y empezar a vivir, juntos y sin tonterías, de otra manera.

IV. De Ardales a la madriguera de Bobastro

EL JARDÍN DE LOS POETAS — OMAR EL REBELDE — UNA TEBAIDA TROGLODITA — GUSANOS EN EL PARAÍSO — LAS EXCAVADORAS MALDITAS

...Reposaba en tierra, ya cadáver,
mas le fue devuelto el cuerpo y cosido,
para subir al madero, al aire colgado,
como queriendo errar entre las estrellas...

AHMAD AL-RAZÍ

En esta vieja península, tantas veces arañada de místicas y sangre, existe un lugar remoto, de no fácil acceso, donde se gestaron hace mil años sucesos que sobresalen entre las páginas más brillantes de Al Ándalus; no se conocieron suficientemente en Occidente hasta el siglo XIX, tras exhumarse ciertos manuscritos arábicos de El Cairo y Marruecos. Ese lugar, toma buena nota, viajero, se llama Bobastro.

Hacia allá se encamina mi buen *Rocinante,* pues aunque herido en su flanco derecho por una artera pared del aparcamiento que acabo de alquilar —se nota que, como a su dueño, no le gusta estar encerrado— me sigue siendo tan fiel y animoso como de costumbre.

Es mañana primeriza de marzo caluroso, propicia al canje de la aglomeración de autovías costeras por la paz de los montes. Llego al hermoso pueblo de Ardales, el antiguo *Fardálish* de los musulmanes, totalmente embriagado por los aromas que destila.

¿A qué huele Ardales? Ardales huele a aire limpio, campesino, preindustrial. También a deliciosa panadería bajo sol reidor y cielo recién lavado por el rocío de la madrugada; un olorcillo que compensa con su dulzura los agrores de la vida; que me atrapa y me empuja hasta la ilustrísima Pastelería Ruiz, donde no tengo más remedio que hacerme con unas magdalenas recién hechas, cuyo aroma y cochura dan a mis dedos pecadores el melancólico recuerdo de aquellos días de felicidad en que frecuentaban pechos tal vez virginales pero en cualquier caso mórbidos, y turgentes, y suaves y gustosos como magdalenas recién salidas del horno.

Ardales es eso: una virgen intocada que sobrevive al vómito de nuestra época como un gorrioncillo, abandonado porque nadie se percató de que existía, y que a ese abandono debe su bendita existencia.

Los viejos que se sientan al sol, o en las terrazas de los cafés, son los mismos ancianos reposados y socarrones que, palillo en boca y sombrerillo en cogote, hablaban ese castellano de frontera, imbuido de aires magrebíes y padre de aquellos primeros acentos andaluces que pude escuchar en mi juventud.

Ardales: blanco y azul, coronado por una roca donde se asientan las ruinas de su castillo moro, vigilado por un morabito —reconvertido en ermita— que resiste al tiempo encaramado en una colina. Ardales, donde todo sigue siendo puro, como el alma de niño de esos mismos ancianos felices que forman corrillos de chanzas y diretes a las diez de la mañana, sin hacer nada, salvo existir, ni falta que hace, mientras escribo estas líneas, deslumbrado por la claridad, por la pureza, por la alegría de este pueblo que tiene un jardín recatado, en cuya entrada un azulejo dice:

El Ayuntamiento de Ardales en el primer mes del año 2000 dedica un homenaje a los poetas para que con sus versos sigan incitando al amor y a la belleza a quienes aún conservan la capacidad de soñar.

Advierto al caminante que, si ha perdido esa capacidad, venga a Ardales y no tardará en recuperarla.

Junto a ese jardín poético existe una oficina de turismo donde una sonriente morena, hermosa hasta decir basta, me informa sobre la mejor manera de llegar a Bobastro, destino de esta incursión.

Me interno por los meandros de una carreterilla cuyos primeros tramos me recuerdan el encanto de la informadora ardaleña —monte bajo, colinas suaves, una laguna donde se reflejan nubes y cerrillos— y cuyos últimos sobrecogen por su sacralidad y su desmesura. Ningún pintor inglés del XIX, que yo sepa, tuvo la fortuna de internarse por estas sierras; de haber sido así, nos habría legado el más romántico de todos los paisajes que pudieran plasmarse en Andalucía.

Lo más afín que resuena en mi corazón ante este paisaje conmovedor es la música de aquel gigante que fue Wagner: peñas enormes cuya carne de arenisca aparece horadada, aquí y allá, por la lluvia y por la mano de los hombres. Bosques crecientemente umbríos cuyo verdor contrasta con el azul intenso que sostienen. Y el cielo, un cielo cada vez más profundo a medida que uno se encarama más y más, descansando en ásperas, maravillosas montañas cuyas escarpaduras de vértigo nos recuerdan que es hoy el primer día de la creación.

La feminidad de las palmeras, los cálidos senos del mar han quedado muy abajo. En estos nimbos escatológicos impera la varonía de los olivos salvajes, de los pinos trepadores, de los hombres solos. Aquí se conjugan los susurros de un dios, quien para manifestarse se valiera del alto viento de las montañas, y la altivez de su auditor, algún forajido que, incapaz de soportar injusticias, supiera que la soledad es la única libertad posible, el prólogo menos indecente de aquella otra libertad absoluta que a todos espera: más vale morir de pie que vivir de rodillas.

Hubo un héroe andalusí que ni murió de pie ni vivió de rodillas. Se llamó Omar y gestó en el Bobastro al que me encamino una epopeya que conocieron poco los historiadores de Castilla.

Mis ojos ven por primera vez el paisaje al que se acostumbraron los de Omar ibn Hafsún, el de las Mesas de Villaverde, junto al ariscado Desfiladero de los Gaitanes, fabricado durante milenios por el curso del río Guadalhorce que corre allá abajo, tan abajo que no hay dios que suba ni baje. Mi coche es de esos que presumen de turbo y se encarama a las montañas como si sus ruedas fueran alas. Yo le dejo pifiar su monótona, pero alegre canción, mientras con un ojo vigilo las curvas solitarias y con el otro navego por este enorme serrucho circular que en vano intenta herir al cielo. Asciendo como Teresa, como Juan de la Cruz, como Ibn Hazm de Córdoba por este amoroso collar donde la Amada no es otra sino una naturaleza cuya inaccesible virginidad conmueve a todo el que pase por aquí.

Llego finalmente a mi destino. Paro el coche en un mínimo rellano, a la derecha de la carretera, donde un cartel anuncia lo que busco. El silencio de las once de la mañana es de una profundidad inaudita, apenas arañada por el tímido canto de algún pájaro con ínfulas de místico: el portazo de la portezuela de *Rocinante* suena como un trueno.

Pero no deshace la armonía del lugar. Cruzo la carretera para empinarme sobre una senda de escalones tallados en la roca viva, quién sabe por quién y quién sabe cuándo. Empinada está, pero no me fatigo, o no me acuerdo de si estoy fatigado. Subo, subo, subo, y luego desciendo por corto trecho para subir de nuevo. Al cabo de diez minutos, o quizá quince, aparece lo que queda de algo capaz de fascinar al menos sensible.

Se trata de las ruinas de un lugar muy singular, una iglesia visigoda esculpida en la roca viva. Forma parte de lo que fue un pequeño recinto amurallado del que sobrevive algún que otro amontonamiento de piedras. Desde aquí se puede dominar o se puede olvidar el mundo.

Los que se dedicaron a moldear la enorme roca, para lograr la forma de un templo, no querían saber nada de sus congéneres de allá abajo, donde todo tiene un precio, y despreciando a los de abajo buscaban congraciarse con el de arriba: ser unos con Aquel que carece de forma, sin que probablemente tuvieran muy en cuenta las minucias escolásticas de quienes, adjudicando rostros diferentes a la Realidad suprema en que creían, hicieran distingos entre Moisés, Alá o Cristo.

Lo importante era la elección del lugar, cuya *baraka* es indiscutible. Diré, para el que no se acuerde, que la expresión citada

Iglesia visigoda labrada en piedra, santuario de Ibn Hafsún en las Mesas de Villaverde

Posible tumba de Ibn Hafsún

en cursiva y que se repetirá en las páginas siguientes, se refiere a la afortunada impronta —en la creencia musulmana— de ciertos morabitos y otros lugares sagrados que impregnan a visitantes y peregrinos con toda clase de bondades: salud, armonía, buena suerte...

No me cansaré de repetir esta palabra porque muchos son los lugares de Al Ándalus que posiblemente la posean. Tendríamos que devolvernos algo que nuestros antepasados sabían tan bien como todavía lo saben los chinos: una especie de felicidad ambiental, por decirlo de algún modo, se produce cuando las vibraciones de uno y las del sitio donde nos encontramos entran en perfecta sintonía.

De mí sé decir que aquel monumento al delirio metafísico fue balsámico. Aquí se venía a estar en paz a base de dejarse fluir y no esperar nada; es decir, a base de aburrimiento, que es, probablemente, la única manera de conseguirla.

Apuntan algunos que estas ruinas fueron cenobio cristiano antes que guarida de forajidos muladíes, y puede que no les falte razón puesto que están orientadas de Este a Oeste, como los templos cristianos de la época, a imitación de los del Antiguo Egipto, y no en dirección al Sur o a la Meca, como las mezquitas andalusíes. Y porque estos montes están horadados, aquí y allá, por notable profusión de cuevas artificiales y pequeños refugios naturales en cuyos frontispicios suele aparecer esculpido un signo de la cruz propio de eremitas visigodos.

Otro dato que sugiere la posibilidad de que se trate del templo madre de una tebaida es el de que, bajo la considerable profundidad de uno de sus pozos, se encuentra una especie de cueva iniciática que, como en San Baudilio de Berlanga y en otros santuarios cristianos de la alta Edad Media, servía tal vez para que el neófito, alejándose de las ilusorias tentaciones del mundo visible y limitando sus percepciones al máximo, iniciara un viaje interior hacia el *Atmán*, esa parte de la divinidad que, según los hinduistas, se esconde en el corazón de todos los hombres y no puede morir.

Pero fuera construcción anterior a la llegada a estas cumbres de Omar ibn Hafsún; o bien —como dicen otros— obra suya: mezquita mientras fue musulmán aquel héroe aljamiado, o iglesia —apostillan terceros— cuando tomó la mala decisión, para sus planes expansionistas, de convertirse o reconvertirse al cristianismo, lo cierto es que este lugar iniciático, tan ligado a la historia del magnífico rebelde, es de los que dejan huella.

Me demoré largamente junto a aquella enorme roca, mordida por la fe de quienes conciben otros mundos más allá de la muerte. A mis pies, la lejanía de las montañas fue poblándose de fantasmales jinetes, del piafar de las cabalgaduras, del sonido temible de sus cascos, de la espantosa música de la guerra: gritos, alaridos, maldiciones, zumbar de hondas y saetas, entrechocar de espadas y cimitarras… Figuraciones que me llevaron al siglo IX, cuando estas tierras eran sacudidas por las desmesuras de una época empeñada en enfrentar a sangre y fuego los rostros diferentes de un solo dios.

No había seguridad ni estabilidad en el Al Ándalus que a Omar le tocó vivir. La vida era breve y de muy poco valor, de manera que había que sacarle partido y vivirla intensamente.

En Al Ándalus el poder de la minoría árabe comienza a resquebrajarse a causa de las injusticias cometidas contra beréberes, muladíes y judíos; contra todo ese mundo bullicioso, multirracial y enfebrecido que se perdió para siempre con la toma de Granada y la expulsión de judíos y moriscos.

Aquellos hijos de tan diferentes madres, todos ellos ciudadanos de segunda, o más bien súbditos despreciables para quienes sostenían la sartén del emirato cordobés, hicieron causa común frente a vejaciones, gabelas insoportables y miradas por encima del hombro de aquellos árabes puros, nietos de quienes al penetrar en la Península habían proclamado la igualdad de todos los hombres y por eso fueron tan bien recibidos.

Pero pronto, como sucede en todas partes, unos hombres se hicieron más iguales que otros y, además, hicieron pagar bien cara la vida a quienes designaron como menos iguales. Un ejemplo, el *jarach* o impuesto del emirato, totalmente arbitrario, que gravaba las cosechas del año. El recaudador, desde Málaga, se internaba por estos montes rodeado de espesa tropa, y sangraba a los campesinos, no en función del montante de las cosechas sino de las necesidades del emirato. Al que no pagaba, o no podía pagar todo lo que le exigían, lo colgaban de una mano, tormento que luego copiaron los de la Inquisición. En cuanto a los pobres reincidentes, los dejaban en cueros y, a continuación les lanzaban sobre sus espaldas palos ardiendo.

El hombre puede cambiar las religiones, pero las religiones no cambian al hombre, cuyo único dios verdadero, como el de todo ser vivo, sería en último caso el del estómago. Ya colocaron los griegos a la Necesidad por encima del Olimpo. Y la necesidad generada por la necedad de los emires cordobeses incitó a la rebelión. Era necesario que acabara tal estado de cosas, como décadas antes se hizo necesario que acabase la doble tiranía eclesial y goda, que por eso, reitero, los habitantes de Hispania acogieron a los caballeros del Sur, más generosos que sus amos tradicionales, con los brazos abiertos.

Caballeros aquellos irresistibles, no tanto por la fuerza de sus cimitarras sino por el hecho de que las blandiesen —como ya he dicho y me gusta repetir— en nombre de una fe que prometía hacer iguales a los hombres.

Pero los entusiasmos decrecen con el tiempo, y al cabo del tiempo se desluce el consolador barniz de la religión, de modo que acaba mostrándose que por muy grande que sea Alá, que es el más grande, el pez grande se come al chico. Aunque «gentes del Libro» (la Biblia) como los propios mahometanos, los cristianos y judíos, si quieren seguir siéndolo y no pasarse al Islam, tienen que pagar cada vez más al emirato de Córdoba; y aunque no paguen más que los mahometanos «viejos», aún así los muladíes, antiguos cristianos convertidos al Islam, acaban sufriendo el mismo desprecio que pocos siglos más tarde sufrirán en Castilla los llamados «cristianos nuevos» o «marranos», aquellos judíos y musulmanes obligados a embadurnarse de tocino y abrazar por la fuerza la religión de Cristo.

Por otra parte, los beréberes del norte de África, que tan mayoritaria y decisivamente habían contribuido a la conquista del reino visigodo de España, aunque musulmanes tenían la consideración de maulas —en el doble sentido de clientes de segunda y personas despreciables— por parte de una clase dominante a la que décadas de poder absoluto habían ensoberbecido hasta la náusea.

En suma, aquel paraíso de fuentes que soñaron y conquistaron las gentes del desierto se estaba llenando de gusanos, se había convertido en un caldo de cultivo más que propicio para la rebeldía; palabra que en las ariscadas sierras de Ronda resonó con fuerza inaudita desde entonces, con ecos que no se apagaron hasta la muerte de los últimos seis guerrilleros republicanos, a quienes la Guardia Civil franquista, pillándolos de sorpresa, hizo literalmente añicos, por la desmesurada carga de su fusilería, el 18 de diciembre de 1950.

¿Es esta otra historia o es la misma historia de siempre? ¿Quién nos asegura que algún día las nubes del tiempo no se arracimen, negras, y no vuelvan a sonar por aquí los truenos de la revuelta? ¿Qué otros destinos sino el de mirar a Dios y protestar contra los hombres pueden tener estas montañas de vértigos insuperables?

Pero volvamos a aquella revolución de hace mil años, que no pretendía, como las ilusorias del siglo pasado, cambiar el curso del mundo, sino derrocar a un emirato narcisista que había robado la libertad y penado la vida. Como detonante, no necesitaba de un ideólogo que aportase nuevos paradigmas, sino de un rebelde capaz de abolir tiranías.

Nadie mejor para ese papel que Omar ibn Hafsún, hombre propenso a la ira, perteneciente a una estirpe de nobleza visigoda y cuya familia, en tiempos pasados, se había doblegado ante la tormenta que vino de África, pero sólo aparentemente.

Era un muladí o musulmán nuevo cuyas raíces se entroncaban, efectivamente, en la muy rancia y muy cristiana nobleza visigoda, ya que su más ilustre antepasado era el *comes* o conde Alfonso, terrateniente que había regido la ciudad de Ronda antes de que jinetes enarbolando banderas verdes extendieran la nueva fe.

Omar, el futuro caudillo rebelde de una enorme porción de Al Ándalus, había nacido, según se dice, en la alquería de Torrichela, o bien en el lugar de Parauta, ambos cerca del castillo de Auta y no lejos de la ciudad de Ronda. Tenía, como todos los apasionados, un órgano nasal de considerables proporciones, de manera que sus partidarios le llamaban «el capitán de la gran nariz».

Aunque no siempre su olfato de estratega estuvo a la altura de aquella circunstancia —llevó las de perder cuando se enfrentó a las tropas del emirato a campo abierto—, sí tuvo la intuición y la rapidez mental suficientes para disolverse por estas anfractuosidades con la ligereza y la decisión que se requiere para ser guerrillero o bandolero; de hecho, debe atribuírsele el título de primer guerrillero español, tras de Viriato, que recuerda la historia.

La suya comienza, se dice, como la de tantos otros bandoleros que habrían de sucederle, con una muerte, la que le dio a un pastor beréber, vecino de Ronda, que al parecer estaba robando ganado a su padre, Chafar ibn Salin; quien al conocer la terrible noticia aconsejó a Omar que se refugiara en las ruinas del antiguo castillo de Bobastro. Lo levantaron los beréberes —quién sabe si sobre cimientos romanos— en lo más alto de las llamadas hoy Mesas de Villaverde, en el entorno de la singular iglesia labrada en roca viva a la que hemos hecho mención.

Hacia allá se encaminó Omar, y allí pudo disponer de agua abundante y de la seguridad que proporcionaba lugar tan remoto como inaccesible, pues para acceder al mismo había que franquear pendientes de infarto. Algún tiempo permaneció en las Mesas, familiarizándose con el entorno y asimilando sus altivas lecciones, al tiempo que para sobrevivir se inició como ladrón de poca monta en las *coras* o provincias de Raya y Takoronna, hasta que fue capturado por el valí o gobernador de Málaga. Este personaje, desconociendo que Omar fuera perseguido por asesinato, se limitó a castigarle con azotes.

Por fin pudo huir a África, donde esperaba que el anonimato le preservase de la justicia del emir. Allí se empleó como aprendiz de sastre en la ciudad argelina de Tahart. Pero el destino había decretado que fuera reconocido por un nebuloso personaje andalusí, una especie de adivino o mago, según algunos, quien le aconsejó que volviera a su patria, y que no siguiera en África tratando de remendar su miseria con hilo y aguja, puesto que en Al Ándalus, le profetizó, sería «rey de un gran reino» que habría de extenderse de Algeciras a Murcia.

Omar le hizo caso, no se sabe si por creer en esa profecía o por huir de una ciudad donde había sido reconocido; hasta ella podía llegar el peso de la justicia cordobesa, pues gobernantes norteafricanos y andalusíes mantenían buenas relaciones.

Cuando regresa a la península, en 880, decide no seguir huyendo más, sino plantarle cara a su situación y al poder que la había causado.

El castillo de Bobastro, en las mesas de Villaverde, le estaba esperando para convertirse en el eje de un mundo singular que habría de resistir más de medio siglo a los ataques cordobeses. Hasta que el 19 de enero de 928 aquel enclave de resistentes fue tomado por los hombres del todavía emir, pero futuro primer califa omeya de Al Ándalus Abderramán III.

Omar fue en primer lugar cabecilla de los descontentos muladíes que poblaban estas regiones. Pero pronto, con la ayuda de Muhadir, un tío suyo, pudo formar una partida de beréberes y muladíes con la que inició su desafío al emirato.

Si un descontento generalizado permitió que los árabes se apoderaran de España con tanta rapidez, otro descontento igualmente generalizado amenazaba con extender el poder de Omar no menos rápidamente por Al Ándalus. En cada pueblo que se dejaba conquistar, el caudillo rondeño era recibido como un semidiós, de manera que el emir Almundir, una vez que logró capturarlo, decidió que sería mucho mejor tener a Omar como aliado que como enemigo.

Como nadie es perfecto, no hay que fiarse nunca del todo de quienes tienen mando en plaza, ni siquiera de los héroes. Omar no era un semidiós, como creían quienes le vitoreaban, sino alguien capaz de grandes hazañas pero también de grandes bajezas, de manera que atendiendo a sus conveniencias personales aceptó no sólo el perdón del emir, sino también su ofrecimiento de incluirlo entre su guardia personal. Claro que también era posible que para él no hubiera otras alternativas que la aceptación o la muerte. Muchos de sus seguidores se sintieron traicionados. No sería la primera vez.

A las órdenes del emir y junto al general Hashim ibn Abd al-Aziz, Omar participó en algunas batallas contra los cristianos, entre ellas la de Pancorbo, al norte de Burgos. Sin embargo, su vida en Córdoba no fue fácil; sobre él y los suyos caía el menosprecio —por ser muladí— de los altos mandatarios del emirato. Incluso llegó a faltarle la comida. De manera que, fiel a su vocación más íntima, volvió a rebelarse contra el emir.

Esta vez el capitán de la gran nariz fue en serio, pues junto al deseo de restablecer la justicia se unía la sed de venganza. Posiblemente, como Cyrano, disponía no sólo de un naso considerable sino de una gran capacidad para la oratoria. Añadamos a eso la intrepidez y el arrojo, y pronto lo vemos convertido de nuevo en el gran caudillo que iba a arrojar a los odiosos Omeyas de Al Ándalus. Con ese cartel no es extraño que en muy poco tiempo volvieran a ampararse bajo sus banderas cuantos pisoteados encontraba a su paso.

Consiguió Omar reunir de este modo un ejército considerable, al parecer cifrado en unos 30.000 hombres, con los que presentó batalla en campo abierto a las tropas del emir Abdala, compuestas solamente por 14.000 soldados. El choque se produjo el 16 de mayo de 891 en ese lugar que ya conocemos, tan amado de las águilas, que es Arcos de la Frontera, entonces llamado Poley.

El hasta entonces invicto caudillo llevó aquí las de perder. Sus tropas eran un aluvión de hombres enfervorizados, más amantes de la anarquía que del ordeno y mando, más sueltos en lugares montaraces que en el abierto escenario de esta batalla, frente a la mejor preparación y mayor disciplina de los seguidores del emir. La derrota fue total, y espantosa la matanza que siguió. Omar pudo salvarse gracias a que algunos de sus más leales lograron arrancarle de la silla del caballo que montaba, en un momento en que se vio rodeado de enemigos bajo las murallas de la ciudad.

Aún tuvo Omar fugaces momentos de gloria, pero el sueño de conquistar Córdoba hubo de abandonarlo. Volvió a su refugio de las montañas, pero tuvo que conformarse con apenas salir de ellas. Y al cabo de un tiempo sucumbió a la idea de convertirse, o reconvertirse, al cristianismo, junto con su esposa y sus hijos, en 899, no se sabe muy bien con qué propósito. Con las aguas bautismales recibió el nombre de Samuel y su mujer el de Columba.

Pero su conversión le valió que los muladíes islamitas y los beréberes abandonaran su causa, y ya sólo pudo contar con ayudas remotas. Las buscó, con precario éxito, en Alfonso III de Asturias, de quien esperaba ser reconocido como correligionario; en el gobernador de Sevilla, en los Idrisies de Marruecos y en otros grupos hostiles al emirato. Pero nada impidió que continuase su larga agonía. Córdoba y sus sueños de conquista estaban cada vez más lejos.

Aquel fue el principio del fin del Bobastro rebelde, un fin que, sin embargo aún tardaría varias décadas en producirse. Mientras tanto, el altozano de las Mesas de Villaverde se había convertido en una ciudad-fortaleza que el cronista Al-Himyari describe como provista de dos puertas, para acceder a las cuales era necesario ascender penosas pendientes. Desde aquí Omar podía dominar sin dificultad las campiñas del Guadalquivir y la vega de Granada. En sus momentos de mayor gloria, Bobastro ejercía omnímodo poder sobre las *coras* de Jaén, Elvira y Raya, y señoreaba ciudades de la importancia de Priego, Baeza, Archidona, Écija... Además de un palacio había en Bobastro mezquitas, pero también iglesias y hasta un obispo.

El rebelde tuvo una larga decadencia, aunque nadie logró desalojar a Omar de la ciudad que había construido en las Mesas de Villaverde. Murió el 1 de febrero de 917 a los 72 años, tres décadas después de su levantamiento contra el emirato.

Refiere el cronista Ibn Hayyán que el día de la muerte de Omar, su hijo primogénito Chafar se reafirmó en la fe cristiana ante sus correligionarios de Bobastro. Junto con sacerdotes y monjes de su confianza procedió a inhumar a su padre a la usanza de los cristianos.

Omar fue enterrado, al parecer, en una tumba abierta en la roca viva junto a la primitiva basílica, igualmente excavada en la roca.

Pero sus descendientes continuaron la lucha. Chafar prosiguió la defensa de la ciudad, aunque entonces no estuvieran de acuerdo con esa defensa a ultranza sus otros hermanos, frente a los vanos intentos de Abderramán III por conquistarla. El 29 de octubre de 920 murió Chafar a manos de sus seguidores cuando anunció públicamente su intención de volver al Islam; otro hijo de Omar, Abderramán, más aficionado a los libros que a las armas, prefirió entregarse al emir y, perdonado por éste, acabó sus días como librero en Córdoba; el tercero de los hermanos, Suleimán, fue más fiel a la memoria de su padre y defendió aquel nido de águilas que había heredado, por más que fuera cercado por el emir en 923.

Aún aguantó tres años más antes de capitular. Obligado por Abderramán III a satisfacer grandes tributos, decidió rebelarse de nuevo para pagar cara su vida, y murió luchando desesperadamente.

Estando malherido, uno de sus enemigos, Saíd ibn Yalá, por mal apodo llamado *El Labios*, le cortó primero la cabeza y el dedo de su anillo que era, puntualiza Ibn Hayyán, «de plata pura». Luego fue descuartizado y alguien se apresuró a llevar su cabeza a Córdoba para que allí se supiera cuanto antes la buena nueva. Los trozos del cadáver llegaron poco después a la capital del emirato donde se recompusieron, «junto con su maldita cabeza», y el maltrecho conjunto se crucificó en la puerta de as-Sudda del palacio cordobés, para advertencia de posibles rebeldes.

El puesto de Suleimán fue ocupado en Bobastro por su hermano menor, Hafs quien incapaz de resistir los cercos continuados de Abderramán escribió al emir pidiéndole perdón, a condición de salir del monte y rendirse sin condiciones. Hafs y toda su familia cristiana recibieron el perdón. Entró en Córdoba con sus hijos y el resto de sus parientes el 27 de enero de 928.

Abderramán era tan cruel con el recalcitrante como generoso con el lealmente rendido. Poseía, sin duda, ese «alma de nardo del árabe español» que evocara Manuel Machado, de manera que hizo a Hafs grandes concesiones y hasta le dio un alto cargo en la tropa. Pero la pena por la pérdida de Bobastro se le hizo insoportable al último eslabón de aquella cadena de rebeldes, y no tardó en morir.

Aún quedaba una rebelde entre los hijos de Omar, Argentea, que había abrazado la fe cristiana cuando se produjo la conversión de su padre. Fiel a su memoria, y haciendo gala de una chulería muy propia de la familia, manifestó en Córdoba ser fiel a Cristo, lo cual era apostasía por haber nacido musulmana, y no contenta con ello dijo creer también en la santísima trinidad, lo que se consideraba blasfemia politeísta, pues para el musulmán no puede existir sino un solo Dios; ambas cosas se castigaban con la muerte, pero Argentea, que se había criado en el escatológico fervor de Bobastro, tan cerca del cielo, no deseaba otra cosa sino la palma del martirio.

Abderramán III se enfureció con la lenguaraz y ordenó que

fuera degollada, pero no sin antes castigarla a azotes y arrancarle la lengua. El suplicio ocurrió el 13 de mayo de 931. La Iglesia católica la santificó y la conmemora cada 13 de mayo.

Santos, guerreros, profetas, iluminados, rebeldes hirviendo todos en una olla al rojo vivo... Aquello era el Al Ándalus donde floreció la gesta de Bobastro, de la que apenas quedan en pie las ruinas de una iglesia visigoda rupestre; y unos cuantos eremitorios, excavados en la faldas de las montañas, donde sigue morando una atmósfera de serenidad, de pureza, de plenitud que se resiste al paso del tiempo.

Hasta allí llegué para respirar esa serenidad como mil años antes llegó Abderramán III, no para imbuirse de paz sino para dar rienda suelta a sus deseos de venganza.

El futuro califa cordobés no se andaba con chiquitas. Empujado por esa sed de venganza, y por la curiosidad de saber cómo era el enclave donde durante tanto tiempo se había visto desafiado su poder, Abderramán manda abrir el sepulcro de Omar cuando llega a Bobastro. La postura del cuerpo, boca arriba, con la cabeza mirando a Oriente y los brazos sobre el pecho, de acuerdo con la costumbre cristiana, y no de lado y con el rostro mirando a la Meca según el rito islamita (o al Sur, donde algunos musulmanes andaluces imaginaban que estaba la Meca), le confirma lo que ya todo el mundo sospechaba, que habiendo nacido oficialmente musulmán había renegado de su fe y abrazado la cristiana, lo que en el Islam se castigaba como hemos dicho —y se sigue castigando en algunos de sus países— con la muerte.

Abderramán no podía ejecutar a quien ya estaba muerto, pero sí infringir al cadáver la mayor injuria entonces imaginable; de modo que los pobres restos de Omar terminaron, como los de Suleimán, crucificados en lo alto de la puerta cordobesa de as-Sudda. Ambos cadáveres, o lo poco que quedara de ellos, permanecieron allí durante catorce años, hasta que una piadosa crecida del Guadalquivir, en 942, se los llevó al mar.

Sea clemente Alá con los protagonistas de esta epopeya, y concédales a todos el paraíso de las huríes, ahora que unos y otros hace ya tanto tiempo que vagan entre los astros.

Y alcance también su generosidad a quienes mancillaron el

lugar donde sucedió. Pues bueno será recordar que en 1973 una compañía eléctrica borró definitivamente las huellas de aquel Bobastro de las Mesas de Villaverde desde las que Omar dominó una gigantesca porción de Al Ándalus. Las huellas de una gesta que había puesto de relieve, como pocas, hasta qué altura pueden llegar a volar los hombres con las alas de la rebeldía.

Nadie dijo una palabra, nadie impidió el expolio arqueológico vergonzante que se estaba perpetrado, pues bien dice Eduardo Galeano que los hombres son esclavos cuando el dinero es libre. El altozano de las Mesas, donde se reúnen tres montañas para formar el escenario más enaltecedor que, posiblemente, exista en toda Andalucía, se habría de convertir en una curiosa exclusa, símbolo infeliz del «progreso» de nuestra época: llena de agua succionada por turbinas eléctricas del río Guadalhorce durante la noche —cuando la electricidad es más barata— durante el día —cuando la electricidad es más cara— genera electricidad dejando caer el agua sobre turbinas eléctricas: provechoso Sísifo que sólo beneficia a los propietarios del artilugio y de la energía que nos suministran, eso sí, a precios de mercado. Es decir, que ese medro de unos pocos lo pagamos entre todos.

Tan estúpido, aunque rentable mercadeo pudiera ser hasta cierto punto perdonable si para llevarlo a cabo no se hubieran destruido para siempre las huellas de aquella ciudad de Bobastro desde la que Omar desafió a los corruptos emires cordobeses. Porque, en efecto, para construir la presa en lo alto de las Mesas de Villaverde fue preciso cavar una enorme fosa donde antes hubo una ciudad: las excavadoras se llevaron por delante, con absoluto desprecio, todo cuanto allí había.

Un buen amigo, el hospitalario ardaleño Francisco Ortiz Lozano, cronista oficial de aquella villa feliz, me dijo algo sumamente desgraciado que le habían dicho: los obreros de la presa pudieron llevarse impunemente cuantas piezas arqueológicas quisieran. Uno de ellos, se cuenta, logró quedarse con una estatuilla policromada y posiblemente votiva, semejante, aunque de menor tamaño, a la ibérica Dama de Baza… ¿Sabe alguien la cantidad de valiosísima información que ese y otros restos de las devastadas Mesas proporcionarían, y no sólo de épocas musulmanas, si salieran a la luz? Ortiz Lozano, infatigable investigador y brillante historiador, no pierde la esperanza de encontrar algún día la pista que le conduzca hasta aquella estatua. Ojalá lo consiga.

Qué gran pena que estos recuerdos se borrasen para siempre. El altozano de las Mesas es hoy un lugar extraño: un enorme charco que genera energía especulativa, en cuya entrada hay un cartel que impide el paso. Propiedad privada. En un caso como este, no queda más remedio que recordar a Proudhom cuando afirmaba que la propiedad es un robo.

Ante la pasividad general, y en un sitio de alto interés arqueológico oficialmente protegido, dos particulares, sin encomendarse a dios ni al diablo, levantaron con total impunidad sendas casas, al parecer ilegales, sin licencia de obras, en un terreno público, a un lado y otro de la exclusa, para convertirlas en bares donde acoger a los pocos visitantes que se atreven a encaramarse a estos cielos. Una de estas casas ilegales permanecía cerrada cuando visité el lugar. La otra, levantada al borde de un acantilado desde el que se puede admirar uno de los valles más profundamente bellos de la península, cumplía modestamente sus oficios de bar, ofreciendo refrescos a precios razonables.

Hasta mis oídos ha llegado un turbio asunto, un asesinato motivado tal vez por tráfico de drogas, que presuntamente tuvo por escenario una de estas dos construcciones.

Lugar maldito, como si algún espíritu antiguo, furioso por el vil expolio eléctrico a que fue sometido el lugar, por la profanación de su tumba en beneficio de Mammón, se hubiera cobrado venganza.

Ay, progreso, progreso —podrían ser hoy las últimas palabras de Madame Roland—, cuántos crímenes se cometen en tu nombre.

V. La resurrección del alfaquí de Cútar

UN TESORO ENTRE PAJAS — LOS REYES TRAIDORES — EL OBISPO INCENDIARIO — UN OBJETO MISTERIOSO — *CHULÍN* Y LOS CUARENTA Y SIETE ESCALONES — IMPULSO IRRESISTIBLE — EL ANGLOSAJÓN FELINO

Aunque queméis el papel
Lo que encierra no quemaréis,
Que dentro de mi espíritu,
A pesar vuestro,
Se conserva y camina conmigo
Donde mis pies me lleven.

IBN HAZM

Un lugar mínimo y placentero, al que las montañas defienden del tiempo y de las toxinas de la modernidad, fue testigo de algo extraordinario en el verano de 2003.

Apenas una manchita de luz lamida por el verde intenso de la sierra, visto de lejos parece que el cielo sostiene a Cútar con alfileres. O que, cabalgando soberbio sobre el lomo de una montaña, pende de una cuerda de colgar sábanas, blanco a rabiar, al igual que el resto de los pueblos de la Axarquía malagueña.

Un día de junio de aquel año, los tres albañiles, el padre y dos hermanos, que trabajaban en la remodelación de la casa del maestro, descubrieron un espacio que parecía sonar a hueco al derribar un viejo muro del tapial situado en la primera planta, sobre una puerta de acceso al patio.

Parecía sonar a hueco, aunque débilmente, porque quien hizo el agujero, o utilizó una alacena como nicho, tuvo la precaución de cubrir con abundante paja los objetos que se quería ocultar para preservarlos de la humedad; así, tras los primeros golpes de la taladradora, que lo atravesó en parte, apareció un paquete que había quedado emparedado durante cinco siglos, pero con la paja tan brillante como si acabara de ser enterrada.

Vaciado de tierra y paja, el hueco mostró un tesoro.

Pero la felicidad de este hallazgo procede de la desgracia que motivó su ocultamiento, la miserable traición que se hizo a un pueblo vencido.

Los traidores fueron dos reyes autodenominados católicos, y el ejecutor de la traición un individuo de esos que justifican sus felonías por creerse en posesión de la verdad.

El purpurado, pues se trataba de un obispo, lo fue primero de Toledo y luego de Granada, la ciudad conquistada por quienes no respetaron los pactos que permitieron esa conquista sin derramamiento de sangre. Sin tales acuerdos, la toma del último reino musulmán de la Península hubiera sido, posiblemente, cruenta hasta el salvajismo, tanto por parte de los saqueadores como por la de los saqueados.

Aquel individuo se llamaba Gonzalo Jiménez Cisneros.

Su excelencia reverendísima levantó una pira para quemar libros «no cristianos». De su noble gesta tomó ejemplo, sesenta y tres años después, el también obispo y también franciscano fray Diego de Landa, incendiario de códices mayas en el Yucatán. Discípulo miserable de Cisneros, tuvo a bien, el 11 de junio de 1562, quemar en Maní la memoria de aquel pueblo misterioso, de tal forma que en el mundo sólo quedan ahora cuatro códices mayas precortesianos de los que se tenga noticia.

Y luego fueron émulos de tales hazañas, como se sabe, los sabuesos de Adolf Hitler, con Joseph Goebbels a la cabeza, el 10 de mayo de 1933 en la entonces llamada Opernplatz de Berlín, para quemar libros «no alemanes», Freud, Marx, Heine… Desde

Arco morisco en Cútar

el incendio de la biblioteca de Alejandría, lo que no es tradición es plagio.

Añadamos, para ser justos, que antes de Cisneros hubo otro incendiario en Al Ándalus. Nada menos que Almanzor, valido del califa al-Hisam II. Tras las victoriosas incursiones que hizo a Barcelona y Santiago de Compostela, fue casi el hombre más poderoso del califato.

Casi, porque los intransigentes ulemas cordobeses, únicos que legitimaban la autoridad de los califas, eran más poderosos; lo bastante como para considerar, en un arranque de locura fundamentalista, que cualquier libro científico o profano ofendía al Corán, único libro de la verdad revelada y, en consecuencia todo lo que no fuera Corán debía ser pasto de las llamas.

La maravillosa biblioteca califal de cuatrocientos mil volúmenes fue convenientemente expurgada, y los libros reos de laicismo fueron quemados para desdicha de la humanidad: como lo que iba a ocurrir siglos después en Granada, pero al revés.

Pero volvamos a la pira de Granada y tratemos de averiguar por qué sucedió.

Sabido es que Boabdil había aceptado rendirse a las tropas cristianas tras concertar por escrito, con Isabel y Fernando, unas capitulaciones en las que los cristianos juraban respetar bienes, costumbres y creencias de los islamitas, a cambio de que abandonaran las armas y pagaran más impuestos que los cristianos si persistían en su fe.

Ingenuamente, los conquistados creyeron que serían tratados por los conquistadores igual que aquellos hicieron con estos tras la irrupción espectacular de Tarik y la expulsión, en el territorio de lo que iba a ser Al Ándalus, de los tiránicos gobernantes godos.

Mas no fue así. El Islam se había mostrado, en sus territorios españoles, tolerante con judíos y cristianos, a quienes no forzó hábitos ni robó posesiones. Pero los nuevos señores del yugo y las flechas blandieron cruces inquisitoriales, y fueron tan crueles y sanguinarios como quienes alimentaron y siguen alimentando hoy su fanatismo con frases del Corán.

Antes de la llegada del reverendísimo pirómano, la campaña de conversión al cristianismo se estaba desarrollando en Granada de una forma más digerible, pues otra era la política del antecesor de Cisneros, el jerónimo fray Hernando de Talavera, confesor y consejero de la reina y primer obispo impuesto a la ciudad islámica, pero con suavidad, en enero de 1493.

Fray Hernando fue un personaje capaz de curiosas iniciativas. No sólo había reprochado a Isabel por adornarse demasiado, sino que escribió un *Tratado sobre la demasía en vestir y calzar, comer y beber.* El espíritu de dicho tratado se compadecía perfectamente con la pública austeridad de que hacían gala los hebreos convertidos, de buena o mala fe, al cristianismo.

Pese a haber nacido el fraile, al parecer, de madre judía, del arrabal de Oropesa, o tal vez por ello, parecía tomarse muy en serio la fe nueva que profesaba, y prefería darle a su nuevo dios mucho más que a su impuesto césar. Sin ser consciente de que por aquel entonces, y desde entonces, el cristianismo de los católicos reyes, y de sus católicos sucesores, era la espada invisible del estado o no era nada.

De haber sido, como parece, hijo de conversa judía, pertenecería a la categoría de cristianos nuevos o «marranos», que con tan cariñoso nombre denominaban los cristianos viejos a las nuevas incorporaciones al ejército seráfico de Cristo, siempre sospechosas de fingimiento. Fray Hernando, por tanto, conocería bien de cerca los rigores inquisitoriales, y también a sus otrora hermanos musulmanes, ya que la relación entre estos y los hebreos casi siempre había sido cordial en Al Ándalus, donde los judíos ocupaban con frecuencia altos cargos en la administración.

Sería por ello explicable que utilizase mano blanda y guante de seda para intentar convencer a los reacios musulmanes, sin amenazas ni coacciones, de las supuestas bondades de Cristo y de alimentarse de cerdo y vino, frente a las supuestas barbaridades de Mahoma, el hachís y el mucho baño, que nada podía beneficiar a la salud del alma inmortal y el cuerpo perecedero.

De todas formas, los musulmanes no tuvieron más remedio que oler como los cristianos de aquella época, ya que la bendita Isabel lo que hizo en Granada no fue darse una ducha, sino cerrar todos los baños públicos.

En aquel apestoso, pero santificado ambiente, no había modo de que la mano blanda de Hernando pudiera convencer a la población de lo maravilloso que sería olvidar las higiénicas tradiciones de sus mayores, pese a la bondad en demasía que prodigaba a los «perros de Mahoma», pues había prohibido a la Inquisición entrar en Granada. Siempre había tratado bien a los vencidos y logró congraciarse con ellos, pero las conversiones no forzadas al cristianismo fueron pequeñas.

Seis años duró la tranquilidad relativa. Pero como la tolerancia del fray no logró un número significativo de conversiones, el incendiario Cisneros convenció a la reina de la necesidad de defenestrar la política de buena voluntad del de Talavera, y emplear mano dura y tentetieso contra aquella pandilla de infieles orgullosos que se atrevía a taparse las narices cuando los invasores pasaban por las calles granadinas.

En 1499 Cisneros, nuevo obispo de Granada, tras abrir las puertas del antiguo reino nazarí a la Inquisición, pone toda la carne (de cerdo) en el asador, prohíbe cualquier manifestación pública de islamismo, da comienzo a los procesos contra moros notables, inicia las deportaciones, las torturas, los encarcelamientos, los saqueos y demás atrocidades y, naturalmente, inicia asimismo una campaña feroz contra el Corán y todos los libros aljamiados que pudieran encontrarse.

Es el día uno de diciembre de 1499, y en Granada la gente sufre de hambre y de ese frío que desciende, con blanca parsimonia, de las nieves eternas de su sierra. Hay, pues, que calentar a la morisma, que a falta de pan buenas son brasas.

La soldadesca cristiana entra, una por una, en las casi doscientas bibliotecas de la ciudad y en las casas de algunos notables donde se sospecha que hay libros. Los confiscan todos con destino a la hoguera, de la que sólo se salvan tres centenares por contener valiosas informaciones sobre medicina, astronomía y otras disciplinas científicas.

Las mismas ciencias, en suma, que clausuraron en Europa negruras medievales gracias al Islam. Negras noches por decreto de una Iglesia que, contra todo el conocimiento acumulado por Grecia y Roma, del que los árabes fueron transmisores, dogmatizó en la alta Edad Media que el mundo era plano: una especie de plato suspendido en el vacío, cuyo centro era, naturalmente,

Jerusalén, y a cuyo alrededor giraba y giraría el universo hasta el día del juicio final.

La hermosa plaza granadina de Bib-Rambla, que todavía subsiste con sus antiguas hechuras y su antiguo nombre, «Puerta de la Rambla», fue el escenario elegido para perpetrar la infamia por estar cerca del concurrido Zoco de la Alcaicería, o Mercado de la Seda, que también subsiste hoy.

Ambos lugares, a dos pasos de donde se encontraba la antigua mezquita y actual catedral, y donde están enterrados, todavía hoy, los cuerpos de los dos traidores, doña Isabel y don Fernando.

Ingentes masas de libros, manuscritos y grabados se fueron acumulando en el centro de la plaza, que era el centro de la ciudad. Había, sobre todo, innumerables ejemplares coránicos de bella caligrafía: todo el pasado cultural de Al Ándalus iba a ser pronto pasto de las llamas, o eso se pretendía.

Escribe Tariq Alí, en su novela *A la sombra del granado*, que *los volúmenes lujosamente encuadernados e ilustrados constituían el testamento artístico de los árabes peninsulares y superaban los criterios de calidad de los propios monasterios cristianos.*

Los curiosos se arremolinaron. Como ocurriría después entre los mayas en el incendio de Izamal, se oirían lamentos inconsolables de rabia y desesperación. Muchos protestarían airadamente, otros llorarían, otros exclamarían por lo bajo que *No hay más Dios que Alá y Mahoma es su profeta* cuando se inició un incendio cuyas cenizas siguen flotando, para quien sepa verlas, en el aire antiguo de la ciudad.

Cisneros observaría tal vez la catástrofe desde una ventana de la plaza, satisfecho por el cristiano deber cumplido, ebrio de soberbia, apestoso de poder, sin necesidad de vino o grifa para sentirse primo hermano de Dios. Y esta imagen contrasta con la del en otro tiempo atribulado Gonzalo quien, tras sufrir una crisis espiritual, decidió cambiar su nombre por el de Francisco, y adscribirse a la orden del seráfico apóstol del amor universal, el cantor de las florecillas, el hermano de todo lo viviente...

Así se abrió una herida en Al Ándalus que sigue sangrando, que está muy lejos de haberse cerrado, puesto que los descendientes de quienes la abrieron siguen empuñando los cuchillos de sus abuelos.

Aquello fue el pistoletazo de salida de una persecución en toda regla que no sólo dio origen al levantamiento armado de los moriscos, sino que, tras la bravuconada episcopal, la guerra al Corán y a cuanto estuviera escrito en árabe se extendió por toda España durante más de un siglo.

En 1564, las cortes valencianas, en una zona pululante de mahometanos, prohibieron el uso de la lengua árabe hablada y escrita. Tres años después, Felipe II decreta idéntica prohibición en Castilla, y los *Perros de Dios*, los dominicos, ponen en marcha la formidable maquinaria de la Inquisición para fomentar las delaciones e iniciar registros domiciliarios en busca de ejemplares del Corán o de armas, cuya tenencia también estaba prohibida a los moriscos. Cualquiera de ellos podía ser condenado por herejía, simplemente por decir una frase en árabe o poseer un manuscrito en esa lengua.

Pero como si en la taladradora de los albañiles de Cútar obrara el genio de la lámpara maravillosa, las huellas de aquella atmósfera de terror se disiparon: el aire libre de nuevo acarició, tras cinco siglos de encierro, un legado inesperado.

De modo que hemos vuelto a esa jornada memorable de junio de 2003. Estamos frente a la casa de Antonio Santiago, alias *El Loro*, maestro retirado que lo había sido de la escuela rural de una pedanía de Cútar.

La vieja casa, situada en el número 3 de la calle de Hornos, se encontraba en mal estado, y su dueño la había cedido a un inquilino, a cambio de que se hiciera cargo de los desperfectos. Era grande y merecía la pena arreglarla, pues conservaba el estilo tradicional andalusí, con un hermoso patio interior rebosante de flores y bañado con la imperiosa claridad del Sur.

Caen al suelo, entre las briznas de la añosa paja, valiosas palabras escapadas, al fin, de un largo tiempo de silencio. La paja, junto a la estanqueidad del hueco, había evitado que aquel tesoro se deteriorase: el papel de dos de los libros, y la vitela, pergamino del tercero fabricado con fina piel de vicuña, no llegaron a descomponerse. Al lado de ellos se encontró un objeto misterioso, tal vez un amuleto: dos tubos de metal que formaban un estuche, en cuyo interior había un trozo de cuero.

El impacto del descubrimiento confunde al pueblo; durante una semana no se informa a las autoridades, porque alguien cercano a la casa quiere, al parecer, quedarse con el hallazgo. Finalmente se hace público, y poco después la Universidad de Málaga custodia unos libros de enorme importancia, tanto por su contenido como por la escasez de documentos que existen en España de la época andalusí.

Puede así constatarse que uno de los tres volúmenes encontrados contiene 170 páginas de jurisprudencia y anotaciones afines. Es una especie de agenda o archivo de un alfaquí, o sabio en la ley islámica que regula la vida diaria, puesto que el Corán, para los musulmanes, contempla el modo de llevar a cabo cualquier actividad humana.

Éste alfaquí, y también imán de la mezquita de Cútar, se llamaba Muhamad ibn Alí ibn Muhamad al Yayar al-Ansarí, según figura en unas anotaciones escritas al dorso de un documento notarial que forma parte del volumen; era quien decidía el modo de aplicar las disposiciones o *hadices* procedentes de la tradición islámica, y en este libro de oficio hay referencias a casos concretos y a hechos ocurridos sobre los que tuvo que actuar en la comarca.

El segundo libro, también de papel, es todavía más personal, una especie de vademécum de 133 páginas, donde Muhamad inscribe fechas de su vida y de la de su comunidad, traslada poemas de contenido profético e incluye datos de astronomía, magia, sermones, invocaciones, resoluciones aplicables a los fieles y algunas reflexiones de carácter religioso.

El tercer libro es un Corán escrito en pergamino, el Corán de Muhamad el alfaquí, por así decir su instrumento de trabajo, tal vez legado de sus antepasados, pues parece proceder de los siglos XIII o XIV, lo que despierta gran interés histórico y bibliográfico. Su policromía se conserva en perfecto estado, pero está incompleto, sólo tiene 153 páginas y le faltan algunas al final.

La investigadora María Isabel Calero Secal, de la Universidad de Málaga, ha publicado un minucioso estudio, sobre los contenidos de este hallazgo, bajo el título de *Los manuscritos árabes de Málaga: los libros de un alfaquí de Cútar del siglo XV.*

Impresionan las noticias y los comentarios que nos ofrece el resucitado alfaquí sobre la atmósfera de aquellos días terribles. *El señor de Castilla* —podemos leer— *rompió el pacto y bautizó a la gente de Granada a primeros de diciembre de 906 (1500). Fue al atardecer de un viernes* (día sagrado para los musulmanes)...

Como era de esperar, maldice a los conquistadores: *Dios altísimo los haga perecer y los trate de manera como sólo alguien que es digno y capaz lo puede hacer.*

En ese clima se inscribe un poema sin título que abre el segundo libro y que se cierra con esta frase: (escrito*) a primeros del año de la tiranía y de la simulación.* Se refiere al año 1501, en que culminó el proceso de conversión forzada con un edicto que ofrecía la disyuntiva de convertirse o ser deportado. En el poema se afirma que *jamás ha sucedido en este mundo lo que ocurrió en Al Ándalus, ni lo he visto en los libros de historia...*

También figuran en este poema referencias a numerosas ciudades caídas en manos cristianas y anotaciones con las fechas de las tomas de Vélez Málaga y Granada, a la que se define melancólicamente como *la blanca y perdida.*

Curiosa es la mención que se hace a *un terremoto que destruyó en Málaga 150 casas,* con la particularidad de dar la fecha exacta del mismo, el 28 de febrero de 1494, fecha que no existe en las crónicas cristianas de este suceso, que lo sitúan simplemente en febrero de ese año.

Aparecen asimismo en los libros varias noticias referentes al propio alfaquí, entre ellas que estuvo preso en la Sevilla conquistada por los cristianos (tal vez como rehén intercambiable) y de su toma de posesión en los cargos religiosos: *entró el alfaquí —Dios le exima de pecado y le perdone a él y a sus padres— como imán de la mezquita de Cútar —Dios la tenga a salvo— a primeros del Ramadán generoso del año 895* (agosto de 1490)...

Esther Cruces, directora del Archivo Histórico Provincial de Málaga, a donde fueron trasladados estos libros, también los ha estudiado con el cuidado que merecen tras someterlos a unas medidas de conservación para mantener el microclima en que han permanecido, desde que el malhadado alfaquí de Cútar, o cualquier otro, decidiera darles mahometana sepultura (con esperanzas, claro, de una futura resurrección).

Considera la directora que el Corán descubierto, y así lo manifiesta a la prensa, es «una joya monumental».

No es para menos si tenemos en cuenta que no quedó en España, tras medio milenio de desprecio, un documento de tales características, similares a los ejemplares del Corán andalusíes que se pueden encontrar en la Biblioteca Nacional de París, la Biblioteca Nacional de El Cairo o en la *British Library*, procedentes de diferentes saqueos.

No todos los libros islámicos, en efecto, fueron consumidos por las llamas de la Inquisición. Algunos salieron clandestinamente hacia el norte de África y otros, como es el caso de Cútar y, posiblemente, de otros descubrimientos que permanecieron en secreto, (al igual que las ollas de barro llenas de monedas de oro que alguna vez aparecen en viejos edificios) se escondieron en muros o se guardaron, con todos los riesgos que ello suponía.

Ingleses y franceses, durante la Guerra de la Independencia, se ocuparon con igual avaricia de llevarse libros aljamiados a los

Fiesta del Monfí en Cútar

museos y bibliotecas de sus respectivos países, sin que se levantara protesta alguna por parte de autoridades civiles o religiosas, ya que se trataba de «cosas de los moros».

El propósito del ocultamiento de Cútar y de otros similares es evidente: alguien lo llevó a cabo con la esperanza de recuperar los libros cuando fuera posible. Pero, ¿quién lo hizo? ¿Tal vez el propio alfaquí?

Este misterio nunca podrá desvelarse. Puede que se llevara a cabo por alguien obligado a convertirse entre 1500 y 1501, durante la persecución de Cisneros, o por un morisco que se vio obligado a huir de su tierra tras la rebelión, consiguiente Guerra de las Alpujarras y expulsión masiva, entre los años de 1568 y 1570.

Aquellos tiempos fueron malos tiempos. Pero el tiempo no cesa de discurrir, aunque en Cútar lo haga lentamente.

Y de buen ánimo discurrió muchos años después, un doce de octubre, porque lucía un sol fabuloso impropio del otoño, y ese pueblo amparado por Alá, pero con unas cuestas del demonio, tuvo la amabilidad de sostener mis pasos.

Allí no se celebraba exactamente el Día de la Hispanidad, sino una nueva edición de la Fiesta del Monfí, ese guerrillero musulmán que, como ya sabemos, tras la conquista católica y tras ser despojado de sus bienes, decidió escapar a lo más intrincado de las sierras para desde allí organizarse y atacar en cuadrillas a los usurpadores, a los traidores que no respetaron los pactos firmados en Granada y a los ladrones, especialmente a los curas.

Cútar estaba radiante con el inevitable mercadillo árabe, con sus saltimbanquis, sus puestos de té moruno, sus paseos en burro a dos euros por sus calles vertiginosas, sus adolescentes bailarinas de la danza del vientre —huríes bajadas directamente del paraíso musulmán—, sus potingues más o menos milagrosos y sus productos locales, entre ellos un licor de pasas capaz de resucitar a Mahoma y hacerle desistir de su prohibición alcohólica.

Pero lo que más me interesó fue una conferencia sobre los monfíes, perpetrada en el antiguo cine del lugar por un señor de Almería, enfundado en chilaba parda.

Este señor, Francisco Birolo, afirmó descender de moriscos

que, para sobrevivir, habían comprado un apellido y así ocultar sus orígenes musulmanes, como le ocurrió a mucha gente de Al Ándalus. Que Alá o quien sea lo mantenga en buena salud y con espíritu festivo durante mucho tiempo.

Después, dos grupos musicales, uno andaluz y otro venido de Marruecos, hermanaron deliciosamente la música andalusí, conservada al otro lado del estrecho, con el cante jondo; y no existía ninguna solución de continuidad, ni había en la tierra ningún lugar donde se pudiera estar más a gusto. Con esta música, en el aire del pueblo reverdeció una magia sosegada que, pese a tantas desgracias, jamás había perdido.

Cuando la noche intentó borrar, sin conseguirlo, la blancura de las calles de Cútar, puse en marcha a *Rocinante*, atravesé un aquelarre de mangos, chumberas y aguacates que llegaba hasta el mar y regresé a su orilla con el alma contenta, con el alma dolida.

Pero la historia no acaba aquí.

Un día de julio del verano siguiente, mientras contemplaba el mar al amanecer, tuve un pálpito violento que me ordenaba regresar a Cútar sin pensarlo y a las bravas, como quien se lanza de cabeza a la piscina de lo desconocido.

Obedecí. En casos semejantes encarcelo los razonamientos por consejo de mi hijo Eduardo, que ha leído mucho a Jung y a los surrealistas, y sigo «el azar objetivo», dejándome guiar no sé por qué y esperando a ver qué pasa.

Cútar era un horno a las once de la mañana. Al cielo, tórrido, lo surcaban modestas nubecillas, como bancadas de peces próximas a entrar en las fauces del sol.

Que Alá me perdone, pero una prueba de la posible inexistencia de Dios es que allí no estaba: no había ni dios; o, lo que es peor, estaría echándose la siesta del canónigo que, como se sabe, es la que se otorga, con *placet*, antes de la hora de la comida, a esos curas tempraneros que dicen misa antes de que amanezca, que no es poco.

Sabía que en la calle del Horno, según mis informaciones en el número 3, se encontraba la casa donde fueron hallados los manuscritos aljamiados. Al llegar a esa calle me di cuenta de que en realidad había hecho el viaje para conocer tal casa.

Mi inconsciente se había negado a que mi consciente reconociera tan nimia causa de mi caluroso viaje, pues de haberlo hecho habría desistido de llevarlo a cabo, con el gazpacho y la piscina esperándome en la mía. Menos mal que el inconsciente siempre tiene razón.

Porque ese día, para mi asombro, ese día había algo más en las corrientes invisibles de las que somos marionetas. O así lo creí, pues me pasó algo muy especial tras haber remontado con fatiguillas de muerte la mitad de la calle.

No aconsejo a nadie intentar semejante ascensión en mañana avanzada de la canícula. La calle del Horno, además de hacer honor a su nombre en el estío, es empinada y resistente como mujer esquiva. Alguien ha contado el número de sus escalones, bastante más altos que los tacones de las antiguas cupletistas. Exactamente son cuarenta y siete, y subirlos todos debe eximir, seguramente, de cualquier pecado en una pendiente que supera con mucho los cuarenta y cinco grados.

Sin haber dado con el dichoso numero, me encontré frente a una puerta abierta de la que emanaba música pop de los años sesenta.

Miré dentro. El mini zaguán era un batiburrillo de cosas inconexas: cuadros terminados y a medio terminar, colgados y por el suelo, de un estilo indefinible, con profusión de pequeños motivos, ora concretos, ora abstractos, que daban a los lienzos el aspecto de minifundios; botes de pintura, restos destartalados de alguna silla, una pila de antiguas casetes y otros enseres que no recuerdo, de lo que más que vivienda parecía cajón de sastre.

Hice notar mi presencia y no tardó en salir un individuo peculiar, enjuto hasta mostrar toda la osamenta del pecho, cubierto apenas por varios collares, de digno aspecto pese a lo desmayado de sus canas enmarañadas y su barba de cuatro días.

Le pregunté si sabía dónde estaba la casa en la que apareció el tesoro bibliográfico. Sus ojos brillaron de bondad y, simplemente, me mostró la casa de enfrente. Allí era; pero no era el número 3 de la calle, ni había señal alguna que la identificara como lugar del descubrimiento, ni tenía nada de particular.

El dueño de la casa, me aclaró, no quería dar esa información para preservar su intimidad. Estaba también abierta. El huesudo dedo del pintor me señaló una pared que podía verse desde la calle: allí justamente fue, me dijo, donde aparecieron los libros.

Mi interlocutor, sin duda anclado en su juventud *hippie*, era uno de esos ingleses —deduje por el acento de su aceptable castellano— que detestan el clima de su país y se instalan en lugares remotos. Estos anglosajones, como buenos gatos, saben elegir los mejores lugares. Toda la Axarquía, y todos los montes de Málaga, están llenos de pacíficos y educados *giris* que no se meten con nadie, se llevan bien con los vecinos y están, aunque no lo parezca, enterados de todo lo que pasa en los pueblos que los acogen con toda la amabilidad del mundo.

Lo asaeté a preguntas y me sugirió que bajáramos a la terraza cubierta del bar de la esquina, desde donde pude contemplar la hermosa osamenta de las mismas montañas que ampararon la vida misteriosa del alfaquí.

Corrigió algunos errores que figuraban en este mismo capítulo, achacables a las imaginativas, pero no verificadas fuentes, de que me surtí para informar del descubrimiento de los libros: el número de la casa, el que no hubiera piquetas en la demolición del muro, sino una taladradora, esgrimida por Paco, uno de los hermanos, y algunas otras cosas, dignas de transcribirse porque Jonathan, que así se llama el inglés, sí que fue testigo de primera mano.

¿Qué ocurrió en Cútar después de ese descubrimiento? Al parecer, el Estado, según me dijo Jonathan, había dado dinero al Ayuntamiento para que se construyera allí Museo del Monfí a cambio de la propiedad de los manuscritos.

El museo permanece cerrado a causa de unas reparaciones en el suelo, de no demasiada buena calidad, según Jonathan, que no acaban de concluirse. Nunca se ha abierto al público.

Y según informaciones del propio Ayuntamiento, se llevan invertidos más de doscientos mil euros en una construcción con la que se quiere rememorar la gesta de aquellos desventurados renegados musulmanes y exponer al público copias facsímiles de lo encontrado en el muro.

El equipo de gobierno municipal informa haberse marcado como objetivo concluir el proyecto. Según el alcalde, Francisco Javier Ruiz Mérida, la iniciativa está pendiente de la rehabilitación de la antigua Casa de Cultura, que también formará parte del espacio museístico y que estará dedicado por entero al pasado árabe del municipio.

Ruiz ha cifrado la inversión necesaria para acabar el museo en unos cien mil euros. Según el alcalde, el Ayuntamiento carece de fondos para poder acometer las obras todavía pendientes, por lo que necesita de la colaboración de otras administraciones públicas como la Junta de Andalucía.

Pero hablar de cosas de ayuntamientos (salvo que sean carnales) dejan secas la boca y el alma.

Por fortuna, la camarera viene a servirnos. Mientras nos tomábamos un refresco, en los ojos claros, y también serenos, de mi recién estrenado amigo, se refleja la luz del sol cercano a su cenit, pero también la serenidad de las estrellas de otra época, cuando desde Cútar podían verse todas, y todas derramaban en los ojos de los creyentes la benevolencia de Alá.

Porque Jonathan Thornhill no es sólo pintor, es también poeta y es, sobre todo, un místico budista que, como los antiguos sufíes musulmanes, o los eremitas cristianos que también por aquí buscaban refugio, se alimenta de la magia poderosa de estas montañas, levantadas al cielo como una plegaria interminable. Ahora pinta y escribe, envuelto en la música de su juventud, no por afán de lucro, sino por terminar como se debe lo que ha venido a hacer a este mundo antes de despojarse de los trapos viejos en que, al final, se nos queda la vida.

Y también antes de despedirnos me entrega la traducción al español de un cuento que ha titulado *El ultimo monfí*. En él se describe el encuentro entre un monfí huido a la sierra y un alfaquí de Cútar: el alfaquí, ante la cada vez más violenta presencia de los conquistadores cristianos, se ve obligado a huir del pueblo en el caballo blanco, pero camuflado con pintura negra del rebelde, para hacerse también monfí. A cambio, le entrega su casa y la custodia clandestina de unos libros, que deben conservarse *para una época más digna, cuando no se torture ni se mate bajo el emblema de la religión…*

¿Quieren saber más detalles sobre el descubrimiento de los libros prohibidos? El buen Jonathan me los desveló días después en un amable *mail* que transcribo a continuación, repeinando un poco el castellano algo desmadejado de mi buen amigo:

Hola, hablé con Paco, Francisco Lozano Castro, el albañil que encontró los libros, y esto fue lo que me contó:

«... El trabajo de ese día era quitar un tabique... En medio de esta tarea, encontré algo sin saber qué era... Le di a la taladradora un buen empujón y vi que su punta estaba atascada con un bulto de paja; volví a empujar con fuerza, pero el bulto seguía sin desprenderse; al tercer empujón, que lo hice así (dice Jonathan que el gesto que acompañó su explicación era exactamente el de un toro levantando los cuernos para derribar a su enemigo, por lo mucho que pesa este tipo de taladro) *logré desprender el bulto y aparecieron los tres libros, todos juntos como si fueran uno solo. El libro menos importante tenia la cubierta perforada y dañada algo por la punta de la taladradora, los demás salieron en perfecto estado...»*

Quizá este detalle te guste... Un saludo, Jonathan.

Bajé de nuevo al mar y pasó el tiempo. Pero Cútar no se me desprendió de la memoria ni del corazón, donde clavó su anzuelo.

De manera que un soleado y extrañamente caluroso día de finales de octubre, vuelvo a este pueblo, tras mil vueltas y revueltas ascendentes desde la costa que *Rocinante* sortea con facilidad, pues ya se sabe el camino.

Es la enésima vez que subo la empinadísima calle del Horno, que ya me parece la subida al Carmelo de Juan de la Cruz, aunque ahora encuentro cerrada la casa de mi amigo Jonathan. Tengo ocasión, eso sí, de fijarme en la fachada, donde advierto que bajo la inscripción *Fat Mountain* o Montaña Gorda, tiene escrita con pequeños azulejos esta otra: *Taller de vida experimental.* No sé a qué se refiere mi agradable amigo, quien bajo esas letras ha colocado una graciosa curva, de ignoto significado, tal vez sidéreo, realizada con chapas de bebidas refrescantes pegadas a la pared. ¿Se referirá a la experiencia de la vida como taller ascético? Por estas alturas hay un tufo inconfundible a sufismo que acaba embriagando, a poco que uno se descuide.

Me da un poco de pena la ausencia de Jonathan, pero está claro que no era eso lo que me esperaba mañana tan luminosa en un pueblo cuyo embrujo agareno transpira por sus casi verticales callejuelas. Así que me dirijo al Ayuntamiento con la intención de sonsacarle al alcalde algunas informaciones. El alcalde tampoco está, ni se le espera hasta el día siguiente.

Pero no me siento defraudado. Este pueblo tiene la virtud de dar cobijo y alegría al visitante. Tal vez debido al aire puro, al agua purísima, a la amplitud de sus cielos, a la blancura no menos celestial de sus paredes encaladas hasta el paroxismo místico. O, simplemente, a que hoy estoy de un humor excelente, pues me acompaña mi copiloto de cuatro patas, *Chulín*, de quien hablaré más adelante.

Apunto mi nombre y mi teléfono y le digo a un empleado del Ayuntamiento que otro día llamaré a su alcalde para saber más detalles sobre el hallazgo de los libros moriscos y sobre los que realizaron el descubrimiento.

—Pues ahora mismo, uno de los albañiles —me informa— está trabajando precisamente en la calle Hornos, arriba del todo. Puede ir y hablar con él.

De modo que de nuevo me veo escalando, aunque esta vez con ayuda de *Chulín*, que tira de mí. Subo, y subo, y subo, como si me hubieran adherido una pila de Duracel, y ya en la cima, con ambas lenguas de fuera —la del chucho y la mía— escucho el martilleo que nace de la ventana de una casa vieja.

Apenas recuperado el aliento, grito el nombre del albañil. Tras varios intentos, José Lozano asoma la cabeza y poco después baja con un compañero para sentarse ambos en el último escalón de este Gólgota morisco. Yo sujeto como puedo a mi atolondrado acompañante, un cachorro de podenco generado de mil leches, alguna de las cuales es francamente mala, pues tiene la manía de ladrar a quien le da la gana, unas veces sí y otras no, sin que sea posible averiguar que criterio sigue para discriminar a los bípedos entre los merecedores y no de sus ladridos.

Mal empezamos, porque a *Chulín* le ha dado por ladrar a mis interlocutores. Una vez calmada su inexplicable rabia —tanta, que no tuve más remedio que desprenderme del perrillo días después, con tanto dolor como alivio—; calmados los ánimos, como digo, les pregunto sobre el cómo del hallazgo. El compañero de Juan, hermano de Paco Lozano, que fue quien encontró los libros, me dedica una sonrisa maliciosa y me pregunta a su vez si les voy a pagar algo por la información.

Y como les digo que no estoy en condiciones dadivosas, poco me cuentan que ya no sepa. Lo único, que el tercer albañil, padre de los hermanos, se llama Miguel Lozano Ruiz, que el dueño de la casa se quería quedar con los libros y que, aparte de los tres albañiles, no hubo más testigos del descubrimiento.

—¿Por qué —se me pregunta— tienen estos libros tanta importancia?

Trato de explicarle lo que el lector que ha llegado hasta aquí ya sabe:

—Porque cuando se expulsó a los moriscos...

—Pues qué bien —profiere un individuo que pasa por allí— que se les echara de España.

Y con ese comentario descorazonador, *Chulín* y yo nos desmoronamos. No hay cosa que me ponga más enfermo que esa fatua ignorancia, cargada de suficiencia, que tanto caracterizó a los conquistadores. Y más si la ostentan quienes posiblemente desciendan de los conquistados.

La ignorancia ha causado estragos en este país. Como el que sucedió en 1884 durante el derribo de una antigua casa en Almonacid de la Sierra, al descubrirse que entre el suelo de obra y el suelo de madera se encontraban más de ochenta libros moriscos, perfectamente preservados durante más de tres siglos con piedras de sal y telas de lino.

Quien los escondió pretendía ocultarlos de las hogueras de la Inquisición. Pero muchos de ellos también acabaron siendo pasto de las llamas, pues los albañiles los utilizaron para prender hogueras. No eran inquisidores, pero sí ignorantes, que viene a ser lo mismo. Fue el hallazgo más cuantioso de esta naturaleza ocurrido nunca.

¿Para qué continuar? Me despido, algo triste, de mis interlocutores. ¿De veras han pasado cinco siglos, o los cristianos acaban de invadir Andalucía?

Lo cierto es que la siguen invadiendo.

La clandestinidad amparó a los libros musulmanes de Cútar, como también lo hizo con muchos moriscos —escribe Blas Infante— que lograron regresar a Al Ándalus de tapadillo.

Imaginé la vuelta a la Axarquía de uno de ellos, en la forma del poema que sigue:

Ciprés y olivo, cuánto la aceituna
Más amarga del Sur me está amargando,
Ciprés y olivo, con el sol quemando
Sin que encuentre mi pena sombra alguna.

Olivar y ciprés, mala fortuna
Dieron Doña Isabel y Don Fernando
Porque sangró la Alhambra, porque cuando
Lloró Boabdil se suicidó la luna.

Cipreses y olivar, los campos míos
Sin el fuego de Alá yermos y fríos,
Que un dios muerto y su cruz en ellos yace.

Ay, sangre verde de la tierra mía,
Te prometí que volvería algún día.
Ya estoy aquí: cuanto murió, renace.

VI. La chilaba escondida de Juan de la Cruz

DE LA MEZQUITA AL CONVENTO — EL AVE, LA NOCHE Y EL TIEMPO — UN SANTO DE METRO Y MEDIO — DEVOCIONES MACABRAS — EL BAILE DEL DELIRIO

> *No te apegues exclusivamente a ninguna religión, de manera que dejes de creer en las otras; perderás no poco bien. Más aun, no acertarás a reconocer la verdadera Verdad.*
>
> IBN ARABÍ AL-MURSÍ

¿Qué hay detrás de la realidad? ¿Podríamos percibir el envés de las cosas con un sentido que desoiga nuestros sentidos, esos que describen, apenas, una gota del mar inmenso del que formamos parte? Pudiéramos, sí, pero solo cuando nos invadiera una calma tan profunda que nada nos afectara.

Para lograrla, los sufíes recurrieron a dos caminos que es uno solo, el de la naturaleza y el del corazón. El primero se encuentra en remotas montañas o desiertos donde el segundo puede manar abundantemente. De esa abundancia se nutre el silencio de los místicos y el canto de los poetas. Un místico no es sino el reflejo de un corazón infinito; un poeta, no otra cosa que un bebedor de aquel néctar, unas veces amargo y otras dulce, que nace de un corazón desbordado por el gozo o por la herida. Un sufí, la suma de ambos.

Hay que describir la atmósfera que respiraban, en mezquitas y morabitos, los sufíes de Al Ándalus; así que referiré lo que he vivido en la mezquita que se encuentra en la cima de una montaña, la de Almonaster la Real, y lo que he sentido ante la mesa donde estuvo el cuerpo presente de un santo que era mitad cristiano y mitad musulmán. Me refiero, naturalmente, al sufí Juan de la Cruz, a la vez místico y poeta, el más alto poeta de España.

Descubro en Almonaster la Real, en altozano abrigado por bosques montañosos, un milagro que se ha conservado intacto durante más de un mileno. La mezquita está rodeada por un paisaje de vegetación desbordante, por lejanías de tal belleza que no se tiene prisa alguna por abandonarlo.

Hasta aquí subirían cada viernes todos los habitantes del pueblo para honrar a Alá, tras el sano pero costoso ejercicio de remontar una cuesta importante. El premio era contemplar el rostro de Dios en el centro de un valle singular de la serranía onubense, a la vez grandioso y recatado, tan feraz y pacífico que no sabría decirse si esa mezquita es una sucursal del paraíso, o el paraíso una sucursal de la mezquita de Almonaster.

He subido hasta ella una tarde de agosto, rabiosa de calor. La impresión deja huella para siempre. El tiempo está parado alrededor de lo que entonces tuve por una humilde predecesora, en barro y ladrillo, de la mezquita de Córdoba. Como en ésta, la sucesión de arcos de sus cinco naves recuerda a las palmeras. Las columnas que los soportan son de origen romano, disformes, de manera que se igualan en altura con el añadido de dispares capiteles, alguno de ellos formado simplemente por una o dos piedras cabalgadas. Pero tal simplicidad no está, ni mucho menos, exenta de grandeza y equilibrio. La falta de adornos sacraliza este edificio carente de pretensiones, a la vez que lo mimetiza con la tierra.

El desprecio y el olvido fueron las armas de que se sirvió el destino para salvar el latido de esta mezquita. Allá quedó en lo alto como un trasto viejo, mientras los cristianos construían entre las casas del pueblo un nuevo templo. El cura que lo inauguró no tendría muchas ganas de subir cada mañana al cerro para decir misa en aquella pequeña reliquia musulmana que, de encontrarse en lugar más accesible, se hubiera convertido en iglesia, como tantas otras de Al Ándalus.

La sensación de paz que produce es de una frescura primaveral. Me estaría aquí, en compañía de mi corazón, y aquí permanecería gozando de él cuando estuviera quieto. Y tal vez me ocurriría, si Alá lo permitiera, lo mismo que le sucedió a aquel joven monje de la leyenda, quien mientras escuchaba el canto de un pájaro, en lo que creyó sólo una noche, se le escapó de sopetón el tiempo, y nadie de entre los monjes de la siguiente generación reconoció al anciano de ojos felices que pretendía, en lo que supuso que era la mañana siguiente, regresar a su convento.

Sentado en las escaleras que preceden a la puerta de esta mezquita, con el agua de un aljibe manando a mi espalda, teniendo a mis pies la blancura de este pueblo estuchado de montañas verdes, gozando del palio azul sin mácula de una tarde sosegada, se me ocurrió que aquel era un magnífico sitio donde releer las Mil y Una Noches, o permanecer, compartiendo paz y paisaje, junto a una mujer a la que me hubiera gustado amar sin medida.

¿Y qué otra cosa, sino paz, paisaje y amor, todavía hoy y a pesar de nuestra época, es la atmósfera de estas montañas donde perdura el silencioso latido del Islam?

La misma atmósfera que nos perfuma, desde una de sus Casidas de Amor Divino, aquel murciano maravilloso que se llamó Ibn Arabí, ya mencionado en la cita que encabeza este capítulo:

Mi corazón es capaz de albergar todas las formas.
Es pradera para las gacelas y claustro para los monjes.
Templo para los ídolos y Caba de peregrinos,
Tablas de la Torá y Libro del Corán.
Profeso la religión del Amor y cualquier dirección
Que tome su montura, doquiera dirija sus pasos,
El Amor sigue siendo mi credo y mi fe.

La realidad es tan misteriosa como lo que, presumiblemente, se encuentra detrás de ella. A veces le persiguen a uno atmósferas como la de la mezquita de Almonaster porque así lo dispone la incomprensible sucesión de las cosas. Y así fue como, camino de mi natal Albacete, le dio a *Rocinante* por pararse un rato en Úbeda, la bien colmada de montes infinitos, donde los ordenados olivos se insertan como un ejército majestuoso, verde como el Islam, acariciador del cielo.

Y fue así como tuve un encuentro con Juan de la Cruz, en el convento donde murió, que me hizo respirar otra vez aquel aire gustoso y suave que, tras cualquier apariencia, reconocían de inmediato los sufíes.

Con amorosa pulcritud frailuna, los carmelitas han instalado en aquel convento, varias veces centenario, un museo dedicado al poeta. El hermano cordobés que oficia de cicerone, casi un adolescente, me hizo partícipe de sabrosas noticias en una mañana gris y fría, con el cielo empavonado de nubes negras y veloces y el aire cargado con la estimulante electricidad que genera la Sierra de Cazorla.

Me enteré, entre otras punzantes minucias, de que el santo era un hombre pequeño, no mucho más alto que un metro y medio. Así figura en un cuadro que lo retrata de cuerpo entero y que ocupa lugar principal en el museíllo. De ese retrato me impresionaron sus ojos nocturnos, su nariz de ave rapaz, rasgos que me parecieron conformar la intensidad de un carácter radicalmente inconformista y que de inmediato me recordaron los de un poeta actual, Antonio Colinas, decidido amante, como yo mismo, como tantos otros, de la escritura de Juan de la Cruz.

También supe la manera de escribir que se usaba en los conventos de la época, hervideros entonces de conversos: a lo moro. El escriba —al igual que en la famosa escultura egipcia— adoptaba la postura hindú del sastre, con las piernas cruzadas, y sobre ellas apoyaba una tablilla de corcho. De aquella guisa, durante su encierro toledano y luego en la bellísima Baeza, el santo escribió la más elevada, tersa y luminosa poesía española de todos los tiempos.

El fraile me mostró, no sin pudor, algunos despojos del poeta, elevados a la categoría de reliquias por las macabras devociones de otra época, dos dedos y una tibia de muy corta envergadura. La tibia, aclaró, era cuanto quedaba de una «pierna incorrupta», pero disuelta en ácido por los carmelitas de aquel convento antes de que pudiera caer a manos de los republicanos durante la guerra civil.

Otra cosa digna de atención fue la historia que el fraile me contó acerca de una hermosa talla sevillana de Jesús Niño que mira al visitante con sus ojos de terciopelo tras una vitrina. Juan de la Cruz estaba enamorado de ella, o de ellos, hasta el deliro, de modo que en alguno de sus arrebatos escatológicos la mecía e incluso bailaba abrazándola, posiblemente al ritmo de alguna misteriosa canción sufí, que no en vano estaba el espíritu de Al Ándalus detrás de los deliquios amorosos —su maestro, junto con el también poeta sufí murciano Ibn Arabi, fue, como ya hemos dicho, presumiblemente, el poeta místico Ibn Abbad de Ronda; además, el padre del santo ejercía el oficio de cestero, propio de conversos moriscos—.

El lector que quiera saber más sobre las evidentes influencias sufíes en la poesía de Juan de la Cruz, debe consultar los textos de Miguel Asín Palacios, autor de *El Islam cristianizado,* y los de Luce López Baralt, de la Universidad de Puerto Rico, que ha escrito un libro impagable, *San Juan de la Cruz y el Islam.*

Esta autora sospecha que Juan de la Cruz tuvo contactos con los moriscos en aquella Granada de las postrimerías del siglo XV en la que, a las puertas de la expulsión definitiva pululaban, más o menos disimulados, personajes de gran influencia islámica como el criptomusulmán de nombre desconocido, pero llamado el Mancebo de Arévalo, y la también llamada Mora de Úbeda. Juan visitaba a menudo a las carmelitas descalzas granadinas, entre las que se encontraban muchas hijas de moros notables, forzadas ellas y ellos a convertirse al cristianismo, bajo el ojo vigilante de la Inquisición.

No olvidemos que el mismo Juan de la Cruz fue encarcelado y perseguido por su aparente heterodoxia, aunque al final lo dejaron en paz. En una paz relativa, como veremos.

No sin castigo, el autor de *La subida al Monte Carmelo* participaba de las iluminaciones metafísicas, y de las cogitaciones emocionales, de aquella sospechosa caterva de cristianos nuevos, o viejos moros, que pretendía fundirse con El Único a corazón abierto y sin intermediarios, como predican los imanes en las madrazas mientras canta en los alminares la voz del muecín.

Qué poco faltó para que Juan de la Cruz, con Teresa de Ávila —la fundadora que también escribía sentada en el suelo con las piernas cruzadas—, figurara en la lista negra de los iluminados islamizantes, encabezada por el heterodoxo Miguel de Molinos y confeccionada, con muy mala ubre, por aquellos dominicos que sostuvieron la Inquisición.

Pero nada me impresionó tanto como el hecho de que se conservara la gran mesa donde fue depositado el cuerpo del poeta inmediatamente después de su muerte. Cuando presentía que llegaba la hora, Juan de la Cruz tuvo que abandonar el convento de La Peñuela (hoy La Carolina). Dado el avanzado estado de su enfermedad le dieron a escoger entre acabar sus días en Baeza, *la Byyasa* de los moros, donde era apreciado y aureolado por su fama de santo, o en la cercana Úbeda donde, por el contrario, era poco conocido y apreciado. Para su desgracia, escogió lo segundo.

Allí le dieron la peor celda del convento, mínima, oscura, húmeda y apartada, por temor a que pudiera contagiar a los frailes de su enfermedad, manifestada en unas pústulas sangrantes; pero también por la inquina que hacia Juan sentía un miserable envidioso y vengativo, el prior Francisco Crisóstomo, antiguo subordinado suyo en Granada, quien decidió amargarle, y bien, la poca vida que le quedaba al autor de la *Noche Oscura del Alma.*

Y lo hizo de la siguiente manera: primero, alojándolo en aquella celda que más bien parecía zahúrda, donde una tarima de madera hacía duros oficios de cama. En segundo lugar, prohibiéndole las visitas, incluso las de los frailes de la comunidad. Y en tercer lugar, y para más *inri,* siendo él sólo quien lo visitaba, pero regalándole el oído con palabras soeces, como pudo atestiguar, indignado, el médico que de vez en cuando atendía al poeta moribundo. O sea, que su boca de estercolero no hacía ningún honor a su apellido: Crisóstomo, boca de oro.

Me decía el joven fraile cicerone que, sin embargo, durante la agonía, toda la comunidad (muy probablemente entreverada de moriscos) veló alrededor de su cama, conmovida por la integridad y el valor del místico, sin temor al contagio o a pesar de ese temor.

Estuvo el más encumbrado de los poetas españoles en este convento setenta y siete días, desde el 28 de septiembre de 1591 hasta el 14 de diciembre de ese mismo año, cuando al fin pudo abandonar la cárcel oscura del cuerpo para reunirse con el Amado.

Pequeñas historias conventuales que, sin embargo, conforman un universo ya muy lejano; donde, qué duda cabe, presiden formas de ignorancia y fanatismo diferentes a las nuestras, pero también un sentido de la solidaridad cuya ausencia se muestra dolorosa en el mundo globalizado de hoy.

Escribía Durkheim que el estereotipo del «progreso» es una de las grandes falsedades de la civilización contemporánea: todas las maneras que tienen los hombres de organizarse están constituidas por determinados avances, pero también retrocesos, con respecto a las maneras anteriores. Caminar por una dirección determinada significa abandonar otra, no necesariamente peor.

Durante el siglo XVII, la velocidad media a que circulaban los carruajes en Madrid era de dieciséis kilómetros por hora; hoy es de bastante menos de once. A medida que nuestros vehículos son más numerosos y potentes, nos vemos constreñidos a movernos con mayor lentitud. A la vez que somos más ricos, la avaricia nos empobrece, impidiéndonos que nos ocupemos de los demás.

Estamos rodeados por una parafernalia de grandes almacenes, objetos inútiles de consumo rápido que pronto se convierten en carcomido epitafio de sí mismos. Vacuos espejos de Narciso donde se contempla una prepotencia tecnológica destinada a nuestra infelicidad. Me consuela pensar que la última mesa de Juan de la Cruz seguirá conservándose en el convento de Úbeda cuando tanta morralla se haya convertido en ceniza, Alá sea loado.

A esa mesa le escribí un soneto:

Porque jamás es el amor silente,
En este leño por amor bruñido
Brota la eternidad con voz demente
Desde tu corazón hasta mi oído.

Aquí la brasa fue cuerpo presente,
Ceniza que dejó tu incendio huido
De la oscura posada penitente
A la Llama de que eras poseído.

Y cuando con demente amor lo toco
Siento en mí la ebriedad del dios más loco,
Que no hay más dios que el dios de la locura.

Ala, brasa, delirio, Juan, te invoco,
Hazme Fénix ardiendo en tu escritura
Y sea ceniza la razón oscura.

VII. Los últimos rebeldes

REVELACIONES DE UN CAMPESINO TEBANO — EL AÑO DEL HAMBRE — UNA ÉMULA DE MARIANA PINEDA — EL «CAFÉ» MÁS AMARGO — UN CHIVATO MANCO

Yo soy el contrabandista
Y campo por mis respetos
A todos los desafío
Y a nadie le tengo miedo.
Cante de Ronda

Mientras *Rocinante* se desliza *allegro vivace* por las ondulantes faldas de Teba, un individuo me pide que pare, hacia las once de la mañana de un día de agosto espléndidamente caluroso. Quiere que lo lleve a Ronda.

Ya de copiloto, un rápido examen con el rabillo de ojo me permite constatar que se trata de un campesino a las puertas de la senectud, bajo, moreno, fornido y falto de algunos dientes, carencia que subraya sin complejos con una de esas sonrisas silvestres que tanto abundan por estos pagos.

Este asalto amistoso me hace pensar, por contraste, en aquellos otros que, sierra adentro, perpetraban nada pacíficos bandoleros y forajidos hasta bien entrado el pasado siglo.

Uno de los últimos de los que tengo noticia era precisamente de Teba y recibía por mal nombre el de *Tobalo.* Y como las casualidades no existen, los dioses —aunque tal vez tampoco existan— me regalan la oportunidad de conocer detalles de primera mano sobre aquel renegado, noticias que mi acompañante recibió de su madre siendo niño.

Hora es ya de decir que he tenido la suerte de recoger, y luego preguntar sobre *el Tobalo* a *el Fali*, por buen nombre el de Rafael Escalante Guerrero, que vive en la Huerta de Guadalteba y tiene sesenta y un años como si fueran otros tantos robles, pues no en vano las frutas y hortalizas que cultiva —por afición, me aclara— no sólo dan el vigor que produce la mejor tierra de España, sino que obligan a saludables ejercicios de los que se beneficia esa columna de nuestra salud que es la vertebral.

He aquí la historia que me contó camino de Ronda:

El Tobalo se llamaba Diego Gómez García. Nació y trabajó como peón en Teba; vivía con su mujer, Dolores, y sus cuatro hijos, en una casa de campo de la Cuevecilla, una zona cercana al pueblo. La casa se encontraba en medio de unos terrenos que habían sido baldíos, propiedad todo ello de Pablo Ramos, el terrateniente cuya central suministraba luz eléctrica al pueblo. Le pagaba Diego, por adelantado, mil reales al mes: doscientas cincuenta pesetas que, para la época, era una cantidad respetable.

Estamos en mayo de 1936, con las secuelas de la crisis del 29, con los nubarrones de la guerra civil a punto de descargar su tormenta de fuego, y con los ánimos a punto de desbordarse. Se suceden las fricciones entre pobres y ricos, en una Andalucía injusta y terriblemente repartida por sus conquistadores: para grandes masas de la población campesina, desde la expulsión oficial de los moriscos, reina intermitentemente, pero reina el hambre, cuando podría alimentar a media Europa si se cultivasen como antaño las tierras ahora convertidas en latifundios.

Pero reina el hambre. Tétrico reinado que se acentúa, como es el caso, en un año donde se prevén malas cosechas en los terrenos no dedicados a la caza, tradicional solaz y esparcimiento de los señoritos.

El Tobalo, a quien también se conoce como Diego «el de la Justa», no ha escatimado esfuerzo para que aquella mala tierra que le cedió el cacique se transforme en un terreno limpio y provechoso, capaz de sostener a su familia. Y entonces el cacique

Ramos decide beneficiarse del sudor de su arrendatario y pretende quitarle casa y tierra sin compensación alguna.

Una mañana alguien le cuenta a Diego que Ramos viene armado para echarle de sus terrenos. Una vez allí el casero hace gala, mostrando su arma, de la natural insolencia de la casta dominante.

Le pregunta Diego que por qué lo quiere echar, y la respuesta, posiblemente, fuera un exabrupto al estilo de «porque me da la gana». Amaga el peón, que por nada del mundo quiere abandonar la casa donde vive, y se atreve a preguntarle que cuánto le costaría comprarla. El propietario, con ganas de fastidiar, alude con sorna a una cifra desproporcionada, de dimensiones astronómicas.

Se va Diego poco después con la indignación revolviéndose en su varonía; de modo que decide ir a la casa del rico para devolverle la visita, y lo hace con una de esas escopetas de dos cañones que usan los campesinos de la zona para cazar, pero no como los señoritos: casi siempre furtivamente.

—A ver, don Pablo, por la casa me pedía *usté* tanto. ¿Cuánto me daría ahora por su vida?

Se oyen dos disparos. Se produce una muerte. Es el 19 de mayo; el trigo está crecido; lo bastante como para que *el Tobalo*, agachándose, puede huir sin ser visto hacia la Madre Sierra, como tantos miles de hombres y mujeres de aquel entonces. Y, como en tantos otros casos, desde el caudillo Omar ibn Hafsún, el arquetipo se repite: muerte, huída, transfiguración y caída. El azaroso premio de la libertad.

Durante las primeras noches que siguieron a la fuga —la Guardia Civil no hacía rondas nocturnas por la serranía— su mujer, Dolores, se escabullía sigilosamente del pueblo para llevarle la comida. De hecho, todo el mundo lo sabía en Teba, porque *Tobalo* era «un buen hombre y muy apreciado», me dice; su madre le contaba que en las anochecidas, Dolores pasaba por su casa, camino del monte, y se saludaban ceremoniosamente. Sabía perfectamente la madre de *Fali* a dónde iba Dolores, desafiando a la noche. Pero, como el resto del pueblo, respetaba el pacto de silencio que tácitamente se había establecido.

Sin embargo, al *Tobalo* le duró poco su precaria libertad, pues no tardó en ser apresado por la Guardia Civil y encerrado en la cárcel de Ardales, a espera de juicio, quince días antes de que se produjera la rebelión militar.

Tras el 18 de julio, el alcalde socialista de Ardales toma la decisión de soltar a todos los presos del pueblo para que no los maten los fascistas y se unan a la resistencia montaraz, como hicieron los monfíes, como hicieron pueblos enteros durante la francesada. Diego *La Justa*, temeroso de que la acaudalada familia del muerto se tome venganza, directa o indirectamente, huye de nuevo a la sierra, con tan mala fortuna que fuerzas de la Guardia Civil adheridas a los rebeldes logran herirlo en el hombro derecho, aunque no apresarlo.

Vaga por los montes *Tobalo*, medio desangrándose, pero amparado en la oscuridad de la noche logra refugiarse en la casa de Teba de su hermano menor, *el Tobalito*. Éste busca al médico del pueblo y lo lleva a su casa con la excusa de que su mujer está a punto de parir.

El médico, una vez dentro y enterado del verdadero problema, se decide a curar al herido, y una vez curado da parte de lo sucedido a la Guardia Civil, aunque con la suficiente demora como para que el forajido puede regresar al amparo nocturno de los montes. En ese momento, y en una Teba donde han acudido cinco mil guardias civiles para limpiar la sierra con una de las represiones más feroces que se recuerdan, nadie puede ya garantizar la vida del médico, que se ve obligado a huir deprisa y corriendo del pueblo, lo mismo que *el Tobalito*.

Mi inesperado informante, frente a una taza de café y una copa de coñac, ya en un bar de las afueras de Ronda, termina de contarme la historia. Aprovecho para apuntalarla tomando notas, pese a que la algarabía de los parroquianos alcanza niveles típicamente andalusíes.

Es una historia terrible, porque ahora se engarza con la represión que hubo en Teba al inicio de la rebelión donde, según mi ya buen amigo Rafael, *el Fali*, «mataron a medio pueblo». Entre los 83 asesinados se encontraba una émula de Mariana Pineda, de 19 o 22 años, y embarazada de siete meses, a quien «dieron café» por haber enarbolado una bandera roja en la manifestación de aquel primero de mayo.

Me cuesta tragar el café: aunque la muchacha murió de un tiro en la cabeza —relata *el Fali*— el niño que llevaba en las entrañas seguía vivo y se movía..., hasta que el enterrador, que era cojo y natural de Campillos, lo mató clavando su pico en el vientre del cadáver.

Este siniestro personaje murió de gangrena —señala mi amigo— porque uno de aquellos mal fusilados le suplicó que no lo tirase a la fosa, cosa que sí hizo aquel malvado de una patada. Pero el moribundo, antes de caer, le mordió en una pierna, provocándole una herida que se gangrenó...

El día es hermoso, el sol es espléndido, Andalucía canta en el verdear de sus campos, en la suavidad de sus aires, en la pureza de sus cielos; pero hay también un cante amargo, amargo como el «café» de los asesinados, a pocos metros bajo tierra; una abominación que emana de fosas que tan difícil está resultando abrir, en la difícil poesía de la culpa y el remordimiento, en el miedo oculto, pero todavía vivo, que sigue produciendo en mucha gente, en muchos vencidos e hijos de vencidos, aquel funesto verano del 36.

El Fali se toma el coñac de un trago y retoma la historia del último forajido de su pueblo, que empieza, en su relato, a hilvanarse con los viejos mitos del bandido bondadoso, en su versión de «el jefe no sabía nada de lo que hacían sus subordinados», etc.

En su vuelta al monte, a comienzos de 1940, *Tobalo* se une a cuatro bandoleros clásicos, de los que robaban y secuestraban en espera de rescates, pero él «ignoraba lo que hacían», según opina mi informante. *A uno de ellos le dio dinero para que se lo entregase a su familia, pero el traidor se lo daba a la suya propia,* me dice. En cierta ocasión hicieron explosionar con dinamita un camión de la Guardia Civil que saltó por los aires. Pero Diego se negó a que pusieran una bomba en el cine del pueblo, con ocasión de un acto en el que participaban los sublevados, para evitar que murieran víctimas inocentes.

En la partida había un chivato, el manco *Quinene,* manco del brazo izquierdo, que lo traicionó. Les rodearon los guardias civiles; *Tobalo* se pegó un tiro en la cabeza, y a los otros tres, incluido el chivato, los apresaron y los mataron en la cárcel de Málaga, con los ojos vendados, en 1948.

Cuando la Guardia Civil trajo a Teba el cadáver del *Tobalo*, enfardado en una caballería como trofeo de caza —al igual que hicieron en Alcaraz con los cuerpos acribillados de *Pernales* y su compañero— la mujer de aquel casero intransigente al que había asesinado pretendió, llena de furia, clavarle al muerto una aguja de tejer; cosa que uno de los guardias civiles impidió diciéndole que tuviera respeto por quien ya no era otra cosa que un cadáver, y que si se atrevía a pincharle que le iba a pegar un tiro. *Señora,* le dijo, *no haga ahora lo que no tuvo el valor de hacerle a este hombre cuando estaba vivo.*

Hasta aquí la versión de mi acompañante y amigo. Pero circulan, con el mismo entramado, otras variantes, según las cuales son los caciques y falangistas locales quienes zarandean y llenan al cadáver de escupitajos. Y es un teniente de la Guardia Civil quien no puede contener su indignación ante el indigno comportamiento de estos sujetos y le espeta a uno de ellos algo parecido a lo que me contó mi copiloto. *Deja tranquilo al muerto,* se dice que dijo, *que si hubieras tenido cojones lo hubieras capturado tú mismo en la sierra.*

Agua o más bien sangre llevaba ese río cuando sonó de tan similares maneras.

El caso es que al *Tobalo*, aún hoy, se le recuerda en Teba con respeto y afecto, afirma mi informante en el abrazo de la despedida. Antes de irse le cito una frase que me encanta del Corán, *todos los hombres son iguales como los dientes de un peine*, y el buen hombre sonríe como si no le hubiera dicho nada nuevo, como quien recuerda, o redescubre, que esa frase la tiene grabada en la masa de la sangre, donde permanece inalterada la sabiduría de los abuelos…

Supe luego que desde un año después de acabada oficialmente la guerra civil, el antiguo temporero había actuado con sus cuatro compañeros, desde la sierra del Valle de Abdalajís, por toda la zona de Teba y Ardales. La partida usó las mismas tácticas que los antiguos monfíes y se dedicó fundamentalmente al asalto de los cortijos más importantes de la región, muy bien conocidos por quien, como Diego, durante mucho tiempo había trabajado como temporero en algunos de ellos.

En realidad, la guerra civil se prolongó por montes andalusíes hasta principios de la década de los cincuenta, con múltiples represiones y asesinatos de los que no siempre se tiene cumplida noticia.

Sí se tiene, sin embargo, de algunos casos especialmente sangrantes. Como el de Claudio Romera Bernal, a quien se considera el último maquis de Sierra Morena, que fue abatido el 11 de septiembre de 1949. Opuso tenaz resistencia armada durante diez años, desde que oficialmente acabara el enfrentamiento, encabezando una división de la Agrupación Guerrillera de Córdoba que había operado entre Villanueva, Pozoblanco y Adamuz.

Durante esa década fue poco a poco perdiendo a sus hombres. Finalmente, la Guardia Civil acabó con su vida en una finca de Adamuz llamada Moradillas del Cuadrado.

Como ya era macabra tradición, que el régimen franquista no dudó en recuperar, su cadáver fue expuesto durante dos días en la plaza de aquel pueblo para aterrorizar a sus habitantes y advertirles de las consecuencias de la rebelión.

Una fosa común del cementerio local acogió sus restos, junto con los de otro medio centenar de personas, entre las que figuraban enlaces de los maquis, guerrilleros y otras gentes no vinculadas con la resistencia, pero que a ojos de los vencedores de la contienda eran reos de muerte, para escarmiento de quienes pensaban como estas víctimas.

Y para que estas escenas terribles no se borraran nunca de su memoria.

Pero hay otra memoria que, por fortuna, se está recuperando. Volvemos a Teba, al cementerio de Santo Toribio, ubicado en la falda que sostiene al Castillo de la Estrella, cuyas gestas ya conocemos. En una fosa común fueron arrojados, entre 1937, cuando entraron en el pueblo las tropas de Franco, y 1949, los cuerpos de 125 vecinos de la localidad a quienes se consideró enemigos del régimen.

Para esa otra memoria de la historia despreciada ha trabajado en esa fosa un grupo de arqueólogos. A la hora de escribir estas líneas se han recuperado, al menos, 35 cuerpos. Y con estas recuperaciones se ha podido constatar la brutalidad de los ejecutores, pues tras fusilar a sus víctimas las enterraban como a perros, unos cuerpos encima de otros sin respeto alguno.

El día en que, según mi amigo Rafael *el Fali mataron a medio pueblo*, fue el 23 de febrero de 1937, cuando entraron a sangre y fuego en Teba las tropas de Queipo del Llano. Ocurrió entonces lo que en el pueblo se recuerda como «La noche de los ochenta». En realidad, los asesinados fueron 83. Había entre ellos tres mujeres, una de las cuales era la embarazada a la que hemos mencionado. El procedimiento criminal, pues las víctimas eran civiles, consistía en agruparlos en grupos de diez para fusilarlos en las tapias del cementerio y seguidamente arrojarlos a la fosa. Los ejecutores eran falangistas que esa aciaga noche vaciaron las dos cárceles improvisadas en que habían encerrado a ferroviarios, maestros o peones camioneros de la localidad, para llevarlos a su horrendo final. Las víctimas habían salido de sus escondrijos, confiadas en la proclama de los fascistas, en la que habían prometido el perdón a quienes no hubieran cometido delitos de sangre.

La represión fascista, en las montañas andalusíes, fue una apoteosis infernal de tal horror que hubiera enmudecido al mismo Dante. Por ejemplo, lo que ocurrió junto a la carretera de Órgiva a Lanzarón, según una información fehaciente que ha llegado a mis manos:

En el barranco del Carrizal (...) fueron asesinadas y enterradas con cal viva unas 5.000 personas de las que unas 350 eran de los pueblos de La Alpujarra y los demás eran traídos de otros lugares, principalmente de Jaén, Alcalá la Real y los que, tras la caída de Málaga huían hacia Almería y eran capturados por los nacionalistas. Parece que se eligió este escenario para desmoralizar a los republicanos refugiados en la cercana Sierra de Lujar y que podía presenciar desde lejos las ejecuciones.

Terminada la contienda se intentó organizar la resistencia al nuevo régimen que solo sirvió para darle muchos quebraderos de cabeza a los nuevos gobernantes y generar más inseguridad, represión y sufrimientos en las poblaciones rurales. En La Alpujarra se movían agrupaciones guerrilleras, «bandoleros» según las autoridades, «alzados», «huidos» o «los de la sierra» en la terminología popular, que se escondieron en las montañas. Aún se recuerdan las aventuras de personajes como el

Mota, que andaba por La Alpujarra almeriense, el Bonilla, muerto en un cortijo de Bérchules, el Saltatrenes, de Berja; los Galindos, dos hermanos de Murtas; el Tangarino, de Lucainena; el Bizco, de Júbar; el Palanca, muerto por la Guardia Civil en Cherín y Rabin, asesinado en Laroles mientras dormía. La guerra de guerrilla volvió de nuevo a La Alpujarra, esta vez perdida de antemano por los protagonistas y sus familias que sufrieron persecución, torturas y marginación.

VIII. La santa matamoros

LA DAMA DEL PECHO DESNUDO — DIRECTAMENTE A LA YUGULAR — SANTA CONTRA FILÓSOFA — DOS BANDIDOS DE LEYENDA

Si es el blanco es el color de los vestidos
en Al Ándalus, cosa justa es.
¿No me ves a mí, que me he vestido
con el blanco de las canas
porque estoy de luto por la juventud?

ABU HASAN AL HUSRÍ

Cuando veas algo que te guste y tengas dinero para comprarlo, no lo dudes; porque si no te decides te puede ocurrir lo que me pasó en Alcaraz, camino de Andalucía, una bochornosa tarde de agosto.

Hay en la calle mayor de ese pueblo montuno de Albacete una oficina de turismo, de soberbia portada renacentista, donde en un viaje anterior hallé un libro interesante sobre la llamada reconquista de ese lugar, de largo prestigio musulmán, por las tropas cristianas, y al modesto precio de diez euros. Pero dudé; como el incrédulo apóstol dudé, e incapaz de meter el dedo en la llaga del bolsillo, por tonta tacañería, decidí continuar camino.

Y, naturalmente, cuando no había remedio, a la vista ya de Úbeda la altiva, me arrepentí; no era cuestión de volver grupas, ya que *Rocinante*, cayendo la tarde, rueda que te rueda, estaba deseoso de llegar a Málaga. De modo que pospuse la compra del interesante libro a un viaje posterior.

La segunda vez que pasé por Alcaraz la oficina estaba cerrada.

Y ya por fin, la tercera, volví a plantarme frente al plateresco portal de aquel poco accesible centro de información comarcal. Estaba cerrado.

Era viernes. Me fijé en el horario. Anunciaba que la oficina se abriría a las seis de la tarde. Eran las seis menos cuarto. Me dispuse a esperar con toda la calorina. Dieron las seis. Una pareja de turistas vino a hacerme compañía. Las seis y diez. El pueblo estaba lleno de gente forastera, porque al día siguiente comenzaban unas fiestas. Ocasión más que propicia para que los locales dieran a conocer a los foráneos las múltiples, y muy ciertas, bellezas de la zona. Pero claro, estamos en España. Todavía.

La pareja de turistas desistió y se fue, tal vez a hacer puñetas por alguna de las encantadoras callejuelas de la villa.

Así que dieron las seis y cuarto y aquello estaba más cerrado que la tumba del Cid. Para amenguar mi cabreo me acerqué a la fuente de la plaza principal, junto a la notable Torre del Tardón, obra del ilustre arquitecto local Andrés de Vandelvira, en la que una dama esculpida en piedra muestra desafiante su pecho desnudo —humanismo renacentista frente a superstición medieval— a la torre gemela de la iglesia vecina.

Alrededor de la fuente había unos cuantos mozalbetes disfrutando de su mutua compañía. Abrí el grifo, bebí un agua maravillosa, tanto que sólo por eso merece la pena acercarse a este pueblo. Los chicos me la ponderaron y yo asentí, me desearon que la disfrutara, les di las gracias, llené una botellita con tal elixir, y tan ricamente refrescado, regresé al portal de la difícil información.

Eran las seis y media y estaba cerrado. Si no fuera por el horrible calor, tal vez no hubiera refrenado las terribles ganas que me dieron de patear la hermética puerta.

Volví a la fuente y puse mi ya cana y senatorial cabeza bajo el chorro, para regocijo de la chiquillería. Les sonreí con afabilidad paternal y permití que el agua resbalara por cuello, torso, brazos y espalda. Mi camiseta goteaba con toda felicidad mientras maldecía al perezoso y poco informador causante de aquel

La Dama del Pecho Desnudo de Alcaraz

intolerable desaguisado, que de manera tan estúpida estaba retrasando mi viaje.

Pero no hay mal que por bien no venga, y si la puerta de la oficina turística se me cerró, se me abrió en cambio la de la hermosa iglesia renacentista, dedicada al abstruso enigma de la santísima trinidad, cuya torre se deja hacer sombra por la gemela de El Tardón.

Por muy ateo que uno sea —antes era sólo agnóstico, pero se me pasó la fiebre— no por ello deja uno de ponderar el santo frescor que se respira en el interior de las iglesias, cuando fuera hostiga la canícula y el sol, que la ha dado, se burla de la vida.

Recorrí con el desafecto que tales recintos me inspiran las diversas capillas y el museíllo de trastos clericales, donde no encontré nada de particular salvo, tal vez, una Santa Teresa luciendo pluma de escritora y uno de esos sombrerillos que acostumbraban a usar los curas españoles, hasta la mitad del siglo pasado, con cuatro enhiestas puntas apuntalando al cielo. Y ya iba a regresar al infierno de la calle, cuando en aquel limbo beato descubrí algo que merecía la pena de ser observado con todo detenimiento.

A la entrada de una de las capillas aparecía, tallada en madera, una figura más que singular: una dama coronada esgrimiendo en su diestra mano un espadón, cuya punta apuntaba directamente a la yugular de un moro, de turbante verde, que parecía retorcerse a los pies de la señora.

Las iglesias de España están llenas de poco simpáticos Santiagos matamoros, de todas hechuras y tamaños, en las que el sedicente apóstol, a caballo de su caballo bayo, alancea ristras de moros miserables que sucumben a sus pies en la milagrosa y nunca bien ponderada batalla de Clavijo. Pero que una dama, presumiblemente santa, haga lo propio, no lo había visto hasta entonces en ninguna parte.

Ardiendo de curiosidad, pese al frescor eclesial, eché una rápida mirada a la escasa concurrencia, y no tarde en localizar a un señor de mediana edad, metido en carnes y defendido de lentes, sentado en un banco frente al altar al lado de dos ancianas rezadoras; deduje, por la grisura de su pantalón y la de su camisa de cuello alzado, que era el clérigo en medio de su parva feligresía vespertina, de manera que despojándome del sombrero, como un generoso Grande de España, le pregunté sobre la talla. Me dijo que representaba a santa Catalina Matamoros, de la que yo nunca había oído hablar. Quise saber si se trataba de una santa española, pero no me lo supo o no me lo quiso decir, tal vez adivinando, tras su sonrisita de conejo núbil, que se las estaba viendo con un manchego librepensador.

Total, que le di las gracias, regresé a la puerta permanentemente cerrada de la maldita oficina y, en vista de tan frustrante contingencia, continué viaje.

De camino a la muy cercana frontera de Andalucía me dio por entristecer pues evoqué mi primera visita a la más que mencionada oficina, donde una chica encantadora me llenó las alforjas de folletos sobre la localidad, me ofreció el libro que desgraciadamente rechacé y me mostró, en una sala contigua, el telar donde una vecina, para que la tradición no se perdiese, estaba urdiendo una preciosa alfombra alcazareña, con la misma textura de lana de oveja y dibujos abstractos —pues los musulmanes, como se sabe, consideran que la reproducción de personas, animales y cosas ofende a Alá como sumo creador de todo— que sus tatarabuelos habían creado en Alcazar para regocijo y contentamiento, tanto de alcázares cristianos como de palacios andalusíes.

Nada o muy poco se hizo en los últimos tiempos por sostener una industria que tanta fama había dado al lugar. Y la técnica de tejer alfombras al bello estilo musulmán de Alcaraz se hubiera perdido para siempre, a no ser porque una de las trabajadoras de la última fábrica continuara con esa tradición, sin más ánimo que el de honrar la memoria de sus antepasados.

De vuelta a casa logré hablar por teléfono con dicha obrera, Trinidad García Esteban, anciana de voz encantadoramente juvenil, sin duda pulida por los salutíferos aires de la sierra.

Sólo tenía trece —me dijo— cuando, en 1962, se abrió la nueva Fábrica de Alfombras de Alcaraz sobre las naves de una antigua fábrica de lanas. Allá fueron a trabajar quince o veinte niñas de la localidad, aleccionadas por técnicos de la Real Fábrica de Tapices de Madrid, instruidos a su vez por el examen minucioso que hicieron de las alfombras alcazareñas existentes en aquella institución, las últimas de las cuales se fabricaron en el siglo XVII.

Las niñas se pusieron al trabajo con todo fervor, y con tan buena maña que urdieron ejemplares muy numerosos y en nada indignos de sus antepasados, algunos de los cuales nuevos se encuentran hoy en el Santuario de la Virgen de Cortes, cercano al pueblo. Me dijo Trinidad que un francés muy importante —de cuyo nombre no logró acordarse— adquirió un hermosa alfombra para un museo igualmente francés y cuyo nombre también se ha perdido en los vericuetos insondables de la memoria de esta hacendosa anciana.

De lo que no se olvidó fue del trágico fin, en 1970, de ese heroico intento por recuperar la gloria perdida. Un incendio, tal vez provocado por un cortocircuito, acabó con la fábrica, repleta de inflamables fardos de lana de oveja, en muy poco tiempo.

En el momento de urdir estas palabras en el entramado de este libro, la *Trini*, como la llaman en el pueblo, sigue empleando sus santas manos en el telar antiguo que el Ayuntamiento ha dispuesto en la sala contigua a la oficina de turismo. No cobra nada por un trabajo que realiza, día a día, para que no se olvide lo que los andalusíes hicieron por esta ciudad. Desde luego, merece que le levanten una estatua a los pies de la Torre del Tardón.

Y ya que hablamos de estatuas, habrá que recordar que en el pueblo que se hizo famoso por la belleza islámica de sus alfombras se esculpió, sin embargo, una talla que representaba a una señora coronada, como la católica Isabel, que al parecer se dedicaba a matar moros a espadazo limpio.

Resulta que la Catalina Matamoros de que me habló el cura, y que se encuentra en la iglesia de la Trinidad, representa en realidad a la hipotética santa Catalina de Alejandría, contrafigura inventada por los clérigos para contrarrestar la barbaridad que le hicieron a Hipatia de Alejandría, filósofa grecolatina vilmente masacrada y descuartizada en 415 por negarse al bautismo. En este caso, los «moros» serían, metafóricamente, los paganos —aunque el representado en la beata talla tenga un evidente aspecto musulmán— ya que tales moros existían, según este punto de vista, travestidos de paganos, incluso antes que los cristianos y los moros mismos.

Santa Catalina Matamoros

Internet aclara a veces las cosas, y así el misterio de por qué una santa inexistente empuña un espadón cuya punta amenaza a la yugular de un moro imaginario, encuentra su explicación en el artículo titulado «Sobre santos y espadas» que Pablo Díaz Bodegas, director del Archivo Histórico Diocesano de la Rioja, publicó en La Tribuna de la Rioja el 13 de septiembre de 2008. «*La espada,* escribe este clérigo, *es el signo de la lucha interior del hombre contra el mal y su defensa a ultranza de la fe... Santa Catalina, símbolo de la victoria de la inteligencia sobre la fuerza (cabeza de rey o moro a sus pies) tiene una espada (la espada de la palabra) porque vence con su fe e inteligencia a quien quiere arrebatarle sus creencias y su virginidad...*»

O sea, lo mismo que Hipatia, pero a la viceversa: la parte contraatacante de la segunda parte.

¡Anda, que menudo cuajo tenéis!, como hace exclamar mi paisano José Luis Cuerda a uno de sus personajes de la película *Amanece que no es poco* —rodada en Los Pocicos, un pueblo cercano a Alcaraz— en su diálogo con el cura del pueblo, que trata de explicarle el misterio de la santísima trinidad.

Pero misterios aparte, me parece que el cura o el alcalde de Alcaraz, o ambos en comandita, deberían ponerse de acuerdo para eliminar de la vista pública esa bochornosa talla matamoros que tan poco cuadra con el glorioso pasado andalusí, y con la rica herencia de este pueblo injustamente olvidado. Y, de paso, para borrar de la fachada de dicha iglesia la lista de caídos del bando azul que todavía, oh manes de la democracia, todavía subsiste. O, en todo caso, esculpir al lado la lista de los caídos demócratas leales a la República, de mala manera llamados rojos, aunque es posible que no hubiera pared suficiente para esculpirla, vete a saber.

Precisamente en Alcaraz fueron a encontrar descanso eterno, junto a los de su compañero, el *Niño del Arahal,* los restos acribillados del *Pernales,* último de los bandoleros andaluces capaz de crear leyendas imperecederas. En definitiva, dos rojos *avant la létre* para el imaginario de la gente de orden.

Se decía que la tumba de *Pernales* siempre estaba cubierta de flores frescas; según los pobres, para recordar sus gestas de bandido generoso, último de los que robaban a los ricos para dárselo a los menesterosos. También, según los ricos, que las flores eran para tenerlos contentos, a él y su compinche, no fuera a ser que se levantaran de la huesa para seguir cometiendo fechorías más o menos metafísicas.

En anterior ocasión subí a uno de esos cementerios, el de Alcaraz, donde los muertos tal vez se sientan menos muertos, pues están rodeados de soberbios paisajes montañosos y se encuentran bastante más cerca del cielo que los habitantes vivos de más abajo.

No tardé en localizar la modesta tumba de los bandoleros. No había en ella flores frescas, sino una demoledora sensación de abandono, subrayada por la presencia de unos racimos más que ajados de flores de plástico: o ya nadie recordaba al heroico Pernales, o ya nadie temía que interrumpiera su reposo para continuar tocándoles las narices a los caciques.

Me dio mucha pena.

Pero, como veremos en el capítulo siguiente, sí que se recuerda, y con cierto cariño, a éste último bandido clásico, al menos en Albacete, mi tierra natal.

La tumba consiste en una modesta lápida, inserta en una pared encalada donde puede leerse:

Francisco Ríos González El Pernales a los 28 años
Antonio Jiménez Rodríguez a los 26 años
31 VIII 1907
(Fecha en que fueron abatidos por la Guardia Civil).

Murieron de una truculenta forma *guardiacivilesca,* y eso siempre crea un aura de malditismo sagrado en las víctimas de la fuerza acharolada, que con tanta frecuencia aplicó en el pasado la ley de fugas.

Monfíes, bandoleros, resistentes antifranquistas… Árboles que entrelazan sus raíces en las mismas montañas, en la misma infamia de un país donde, desde tiempos sin memoria, ricos y pobres tienden a distanciarse cada vez más.

IX. Santo Pernales, que estás en los cielos

LA PAELLA MALDITA — EFECTOS DEL REJALGAR — SOLDADOS ESQUIROLES — LA LEY DE FUGAS — EL GAZPACHO DEL HAMBRE — LA PERSECUCIÓN DEL CONEJO

...Mi cuchillo de Albacete,
aquel que tenía un letrero
en su hoja fina y fuerte
que decia biba mi dueño,
contrabandista baliente.

En mitad de la noche, como si las manos de un fantasma se hubieran apoderado de mi cuello, me despertó la angustia.

La viví con intensidad desconocida, imperiosa de fiebre y sudor frío: una torre a punto de desmoronarse; apenas podía respirar y mi corazón parecía estar dando los últimos aldabonazos.

Supe entonces lo que era la muerte.

Las paredes de la pensión parecían temblar con la violencia de un terremoto cuyo epicentro estuviera en mi estómago. El mundo se estaba diluyendo a tal velocidad que apenas me di cuenta de haber encendido la luz de la mesilla, de haberme acercado al lavabo, de contemplar en el espejo un rostro tan demudado que parecía de otro.

Vomité con brutalidad, repetidamente, y eso me salvó la vida.

Ocurrió en Bilbao, un día de otoño, hace mucho tiempo. Habían transcurrido más de doce horas, de normalidad absoluta, desde que se me ocurrió entrar a un restaurante y pedir setas variadas. Entre ellas se había colado, sin que el cocinero se percatase —malo es quien mal piensa, dijo Confucio— una o varias venenosas.

Poco a poco me fui calmando, y al cabo más o menos de dos horas recuperé el sueño y la salud.

Así comprendí, años después, cómo se habría sentido *Pernales* en uno de los episodios más singulares de su leyenda. Y me identifiqué plenamente con él.

La cuchara de madera, tras haberse hundido en la paella, entra en la boca del bandolero: arroz un poco amargo, pero lo acebo de su textura apenas se nota ante lo sabroso que es comer con el hambre acumulada. Ninguno de los comensales se ha dado cuenta de que el cocimiento ha sido aderezado con rejalgar, mineral de color rojo como el azafrán, resinoso, que se fractura con la uña, y es una combinación muy venenosa de arsénico y azufre: paella que el tal tenga, no necesita colorante...

La escena transcurre cerca de La Roda de Andalucía, en el llamado cortijo de Hoyos...

No sé por qué me cuesta describirla; tal vez porque contar algo sobre los bandoleros andaluces, cuyas aventuras y desventuras han sido divulgadas hasta la náusea, es como hacer el ganso en una charca donde múltiples patos han chapoteado, casi siempre metiendo la pata; pero por no meterla suficientemente para no mojarse demasiado, ni salpicar a quien no se debe.

Sus historias, como ya conocemos, son una sola historia: violencia ocasionada para vengarse de una injusticia, huida al monte, fechorías de supervivencia contra los ricos, generosidad, a veces, con la gente del pueblo llano de la que proceden y que también a veces les protege, persecución a muerte, muerte violenta, incluso violentísima, por los esbirros del poder, descuartizamiento frecuente de los cadáveres para ser expuestas sus partes en los pueblos que fueron testigos de sus acciones, y execración final.

Un arquetipo que se repite desde la época andalusí hasta los años cincuenta del pasado siglo, tanto si sus protagonistas lucen turbante, montera serrana o gorra guerrillera: de Abderramán III al autoproclamado *Generalísimo*, no hubo por aquí diferencias en las formas de aniquilar, cristianas o musulmanas, a estos desaforados amantes de la libertad.

Pero la historia del Pernales es otra cosa. No porque su trayectoria sea diferente sino porque, al hallar la muerte en mi tierra, lo quiero desde que, siendo yo niño, su leyenda circulara entre nosotros con timbres de gloria.

En Albacete se quiere mucho a este personaje, tan cruel para unos, pero tal vez tan entrañable para otros que parece una reencarnación de Sarastro, aunque armado no de ideales masónicos, sino de faca y escopeta de dos cañones. La diferencia consiste en que sus más o menos siniestras aventuras no se acompañan con música de Mozart, sino con esas coplillas de ciego en las que el bien y el mal, como en la ópera del salzburgués, son las dos caras de la misma moneda.

Yo, que aunque exiliado soy mas albacetense que la madre que me trajo al mundo —era valenciana— no quiero ser menos que mis paisanos en la devoción a este santo del crimen. Así que permíteme que en su santa o demoníaca memoria, según se mire, venza mis temores, desenfunde mi flauta mágica, moje mi pluma en el patoso y ensangrentado charco y siga contándote algunos episodios del trágico y sin embargo edificante *Pernales*, al que se atribuyó por ese mote, tal vez sin demasiado fundamento, alma de pedernal.

Volvemos, pues, a la maldita paella campestre. El anfitrión del que va a resultar macabro convite es el casero del cortijo, a quien se conoce como *El Macareno*, el único que no come arroz pretextando hartura o indisposición. Sí lo hacen Pernales y sus dos compinches, *el Chorizo* y *el Soniche*, quienes no tardan en sucumbir estos últimos tras las angustias y padecimientos propios del caso. Al parecer, *Macareno* entregó sus cadáveres a la Guardia Civil, en espera de recompensa.

Dícese que los efectos del veneno también afectaron a nuestro bandido, pero que en vez de retorcerse de dolor junto a sus compañeros se las arregló para, aún con el fatal incendio en las entrañas, largarse a todo correr y esconderse en un barranco.

Allí, durante tres días espantosos, lidió con la Parca y consiguió vencerla al precio de eliminar el veneno entre secreciones, sudores y retortijones capaces de acabar con cualquiera que no tuviera su juventud y su fortaleza.

Y, como en las tragedias griegas, llegó el momento de la Némesis. Una venganza que pone los pelos de punta, como pronto podrás comprobar...

...Después de que nos detengamos en el personaje un poco más a fondo.

Disponemos de dos fotografías de *Pernales*, la que encontró la Guardia Civil en su ropa ensangrentada de balas y la que se hizo a su cadáver junto al de su compañero de fechorías, *el Niño del Arahal*. En esta última, los dos cuerpos parecen apoyados en una pared y ambos se muestran con esa trágica expresión mineral común a todos los muertos: nada pueden decir del carácter que animó ambas vidas.

El rostro que aparece en la otra fotografía, que el ejecutado guardaba en su cartera, sí que dice mucho.

A primera vista, sus facciones son de una dureza fuera de lo común: pómulos angulosos y expresión ceñuda, enmarcada por un flequillo que parece caer sobre la frente como el filo de una guillotina.

Pero si nos fijamos en la intensidad de sus ojos azules, en su mirada ensimismada que no contempla el mundo, sino que se pierde en las heridas de la memoria, intuiremos que el individuo no forma parte de «los otros», sino que pertenece a nuestra especie, y que por esos ojos montaraces, por los que han pasado miseria, violencia y desasosiego, también han desfilado sueños y esperanzas. No pudieron borrarlos las tensiones que brillaban en sus colmillos de lobo perseguido, ni las circunstancias que le hicieron entregarse sin frenos al salvajismo.

Se vengó ferozmente de *Macareno*, según se cuenta, una vez recuperada por entero la salud. Cuando menos lo esperaba, el cortijero se vio sorprendido por un *Pernales* furioso. Ató a su víctima a un olivo y le dio muerte lenta, sin que hallamos logrado averiguar con certeza de qué manera. Pudiera ser que a pequeños navajazos para que fuera muy despacioso el tránsito a la nada, de la misma forma con que se daba muerte, con cañas afi-

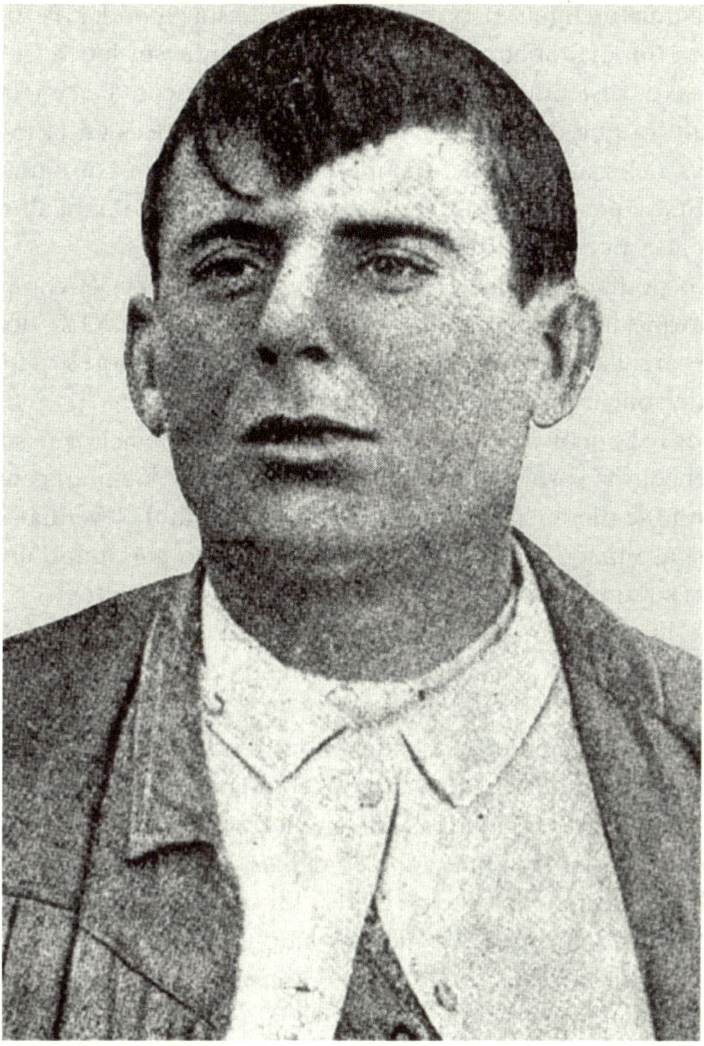

Francisco Ríos González El Pernales

ladas, a los moriscos rebeldes de la Axarquía. Cabe imaginarlo refocilándose ante la atroz agonía, o eso apuntan sus más crueles exégetas.

Pero volvamos a los ojos azules del bandolero. En ellos resplandecía una inteligencia extraña que nos cuesta entender. Pernales no era un analfabeto ni un ignorante, aunque sus letras fueran escasas y casi nulos sus conocimientos librescos. Pertenecía a la cultura que durante milenios hundió sus raíces en la tierra, en los ciclos agrarios del tiempo circular, regados con sangre y lágrimas, que sirvió y sigue sirviendo en Andalucía para alimentar a los vampiros del sudor ajeno.

No podía entender *Pernales* la brutalidad hacia el campesinado que imperaba en las postrimerías del siglo XIX, donde se desarrollaron los azares de su vida, y en los albores del XX, donde concluyeron por darle muerte.

Pero el pueblo sí entendía el substrato de violencia que sostenía el dogma «progresista», y era el pueblo quien no podía entender que se diera caza y muerte a quien —según la leyenda— no había asesinado a nadie: el pueblo campesino que inundaba de flores su tumba y contaba su drama en pliegos de cordel.

Se llamaba por buen nombre Francisco de Paula José Ríos González y había nacido, en el enorme nido de penuria que reinaba en Estepa, el 23 de julio de 1879, año de elecciones generales bajo el recién proclamado Alfonso XII —cesa Cánovas y le sustituye Martínez Campos: ambos se turnan en el minué, pero siguen bailando con la más fea—, año también de la inauguración del primer tren que hubo en el país, entre Barcelona y Sant Andreu, y del nacimiento de Albert Einstein.

Pero Andalucía estaba muy lejos de todo eso. Treinta y cuatro años antes del nacimiento del *Pernales*, el duque de Ahumada crea una Guardia Civil que sustituye al ejército en la represión generalizada hacia quienes empiezan a tomar conciencia de clase: aunque perdure el bandidaje como forma de protesta, se producen las primeras ocupaciones comunales de aquellas tierras de jurisdicción señorial de las que fueron desalojados los colonos que en ellas se habían establecido.

Porque la Andalucía finisecular, y la que dio la bienvenida al nuevo siglo, en poco se diferenciaba, substancialmente, de la que urdieron obispos armados, nobles y caballeros de fortuna durante la llamada reconquista: usurpación, saqueo, constitución de grandes latifundios y creación de una ingente masa de campesinos sin tierras a la que era necesario, para mantener el orden establecido, sujetar constantemente con las represiones más sangrientas.

A la represión sucede la reacción. Cuando la Guardia Civil no basta, se vuelve a recurrir al ejército, incluso para la recogida de cosechas, lo que convierte a los soldados de reemplazo en forzados esquiroles. Dieciocho años antes de que *el Pernales* viniera a su trágico mundo, seis mil jornaleros armados ocuparon tierras en Loja y pudieron luchar contra las tropas regulares durante cinco espantosos días. Cabe imaginar cuál fue el dramático resultado.

Y a la reacción sucede la represión. El estado de la alternancia pactada de dos partidos similares, creado por Isabel II y continuado por Alfonso XII, no duda en recurrir al terror para ahogar la injusticia. En los pueblos andaluces se vive bajo el hambre y el miedo: la protesta se castiga con la cárcel, y la protesta armada con la ejecución sin juicio. La tristemente famosa Ley de fugas, aunque legalmente instaurada en 1921 por Martínez Anido —por adecuado nombre Severiano—, se inventó durante la Restauración para intentar acabar, tanto con el bandolerismo como con los movimientos campesinos.

Pero nadie se echa al monte por gusto. A finales del siglo XIX Andalucía, la región más potencialmente rica de España, sufre el índice de pobreza más alto del país. Se trata, escribe en *El laberinto español* Gerald Brenan, de *la más famélica y sojuzgada población agrícola de toda Europa, en una región donde el odio del pobre hacia el rico ha ido acumulándose generación tras generación…*.

Y al odio generado por una injusticia de siglos se suma el hambre que nace de las nuevas formas de producción. La apertura al exterior de los mercados favorece la producción muy rentable de vinos, cítricos y aceite, pero hunde a los sectores ganadero y cerealista, que no pueden competir con importaciones más baratas.

Consecuencia: menos producción en estos sectores que necesitan mucha mano de obra, menos beneficios empresariales, reducción de salarios y de jornadas, acaparamiento, especulación, conflictividad social, pobreza extrema que empuja a emigrar masivamente a la población campesina, primero a las grandes ciudades y, cuando ya están saturadas, a Latinoamérica.

Con el aumento del precio del pan aumentan los incendios de cosechas y las agitaciones de los campesinos sin campo y de los jornaleros sin jornal, de modo que la rebeldía, cuando la emigración comienza a ser dificultosa, recurre de nuevo a las viejas formas de supervivencia: bandolerismo, secuestro, asalto en despoblado, etcétera.

El de Pernales no es, pues, un drama individual, sino coral. De ahí la necesidad de sacarlo de contexto y exorcizarlo con verdades a medias y con infamias enteras. Culpable, sí, pero por haber sido víctima de quienes no le habían dado la oportunidad de ser otra cosa.

Las diferentes historias que circulan sobre *el Pernales* beben casi todas ellas de un libro de Bernaldo de Quirós y Luis Ardilla, *El bandolerismo andaluz*, publicado en Madrid dos meses después de la proclamación de la Segunda República. Y todas ellas están marcadas por sacar a este espécimen de sus circunstancias, como si el facineroso fuera un rarísimo ejemplar que, procedente de una nave espacial, viniera a este planeta con el exclusivo fin de torturar a sus habitantes.

Es, según lo describe el propio Bernardo de Quirós: *una naturaleza bárbara enteramente, lanzada al bandolerismo para satisfacción de sus instintos agresivos ilimitados. Su rostro frío, implacable; su mirada de vidrio o de acero, lanzada por unos ojos minúsculos que contrastan con las dimensiones exageradas de la desdeñosa boca y la robusta mandíbula hasta el abundante mechón de pelo de su peinado rudimentario, ocultando, en un gran triángulo invertido, la frente, que denota siempre el pensamiento de los hombres; todo revela en él el desdeñoso de la civilidad y de las costumbres, el hombre de presa dispuesto siempre a caer sobre sus semejantes en el instante fácil...*

En estas historias *pernalescas* se dan por sentados acontecimientos de muy difícil comprobación, casi siempre procedentes de la maledicencia hacia quien, ya bajo tierra, pocas oportunidades tiene de rebatirlas.

Por ejemplo, se dice —pero venga Alá a comprobarlo— que

para castigar a una de sus hijas ponía sobre su espalda monedas al rojo vivo; que su mote procede de la dureza de su corazón, duro como un pedernal, frente a otra versión: su abuelo o bisabuelo paterno vendía de contrabando piedras de chispa, o pedernales, de las que usaban en las antiguas escopetas; que si esto en vez de aquello, etcétera.

También se cuenta —tal vez con visos de mayor verosimilitud— que lo que decidió a *Pernales* a echarse al monte fue que su padre muriera de un culatazo propinado por un sargento de la Guardia Civil cuando lo sorprendió con un mulo robado; que a partir de entonces robaba, como su padre, ganado equino que vendía en Castilla o en Portugal, que luego se dedicó a robar por los cortijos, y cuando esta industria flaqueaba, a extorsionar a los caciques exigiéndoles «mil pesetas», por carta o personalmente, si querían salvar sus vidas.

Dos viajeros ingleses, Walter J. Buck y Abel Chapman, publicaron en Londres, en 1910, un libro sobre sus correrías naturalistas por los montes andaluces, y no resistieron la tentación de dedicar unas páginas al forajido, pintándolo con los tintes más tenebrosos: *se deleitaba* —afirman— *con repugnantes crueldades y clasificaba la vida humana como algo no superior a la de un conejo.* Era *un rufián repulsivo, odioso tanto de aspecto como de carácter,* etcétera. No sé de qué chistera se sacaron lo del conejo, pero este tipo de descripciones góticas era muy probablemente del gusto de los lectores anglosajones, ebrios de estereotipos españoles, y muy convenientes también a la política represora de Juan de la Cierva, entonces ministro de la Gobernación.

Podría contarte más de las fechorías, reales o supuestas, de *Pernales*, pero me da mucha pena hacerlo; entre otras cosas, porque las atrocidades que se le atribuyen son excesivamente correctas para la política de represión de la época. Métete en Internet y allí tendrás todo lo que quieras saber, pero ponlo entre comillas.

Sí te diré que era un ser humano como tú y como yo, pero sometido, como casi todos sus paisanos de Al Ándalus, a una esclavitud espantosa. Blasco Ibáñez describe en *La Bodega* lo que era en aquella época para los jornaleros —y lo siguió siendo en épocas posteriores— el infierno de un gazpacho reducido a pan, agua, ajo y aceite, a dormir amontonados en el suelo, hombres y mujeres revueltos, a veces haciendo un amor desesperado sin intimidad, a cambio de un mísero jornal para trabajos temporales de catorce horas en las grandes extensiones de los señoritos: o eso, o morirse —un poco antes— de hambre.

A *Pernales* le esperaba en Valencia Conchilla, su pareja, y con ella pretendía cruzar el charco, como muchos de aquellos desgraciados andaluces, en busca de una vida mejor. Después de que lo asesinaran detuvieron a esa mujer sin cargo alguno, sólo por ser su mujer.

Fue la última esperanza del bandolero, frustrada en la Sierra de Alcaraz. Pero así como sus historias de terrible facineroso son poco fiables y sujetas a toda clase de fantasías, los hechos que condujeron a su muerte están descritos en papeles oficiales y tienen, por tanto, todos los visos de reflejar la realidad.

Fueron a por él, y esta vez el símil sí tiene sentido, como quien va a la caza de un conejo. Tras de que la Guardia Civil lo abatiera por sorpresa en un lugar llamado Las Morricas, el 31 de agosto de 1907, cerca de Villaverde de Guadalimar, uno de los testigos redactó el consiguiente informe, en el que, entre otras cosas, podemos leer que:

Al referido Pernales le dispararon a la vez el cabo Villaescusa y el guardia Segovia, aunque quizás un poco antes el guardia, sin que se pueda precisar quien lo mató, pues los dos creen haberlo herido. Al Niño de Arahal, puedo asegurar que, en un disparo hecho por el guardia Codina fue cuando se vio caer al bandido... El que debe ser Pernales, por los documentos que se le han ocupado y coincidir las señas facilitadas por la superioridad, aparenta ser de unos veintiocho años, de 1,49 metros de estatura, ancho de espaldas y pecho, algo rubio, quemado por el sol, con pecas, color pálido, ojos grandes y azules, pestañas despobladas y arqueadas hacia arriba; vestido con pantalón, chaqueta corta y chaleco de pana lisa, color pasa... El que aparenta ser el Niño de Arahal es de unos veintiséis años de edad, de 1,61 metros de estatura, de pocas carnes, pelo rubio, barbilampiño, cara afeitada, viste igual que el anterior...»

Como se ve, la descripción de los cadáveres es de una riqueza literaria insospechada. La redactó el teniente Juan Haro López, jefe del cuartel de la Guardia Civil de Alcaraz, quien salió en busca de los perseguidos, como consecuencia de un chivatazo, junto con el cabo Calixto Villaescusa Hidalgo, el guardia primero Lorenzo Redondo Morcillo y los guardias segundos, ya citados, Juan Codina Sosa y Andrés Segovia (¡Sic!) Cuartero.

¿Qué más decir? Que los dos cadáveres fueron llevados a Villaverde para ser expuestos toda la tarde en la plaza del pueblo. Eso sí, para escarmiento general pero sin ser previamente descuartizados, como era habitual hacerlo pocos años antes.

Al día siguiente se llevaron los cuerpos en un carro al convento de Santo Domingo de Alcaraz, donde mucha gente acudió a verlos, expuestos como estaban encima de unas mesas, antes de que se les practicasen sendas autopsias. De ellas se dedujo que *Pernales* recibió un disparo en cada ingle, con lo que se rompió el fémur, mientras que *el Niño del Arahal* recibió un certero tiro en el corazón.

El aire era puro, con algunas nubes sosegadas en el horizonte primaveral, cuando subí de nuevo al cementerio de Alcaraz para ver la tumba aislada donde yacen los dos andaluces. No había flores naturales, como las hubo antaño sino unos desastrosos ramos de plástico: al fin flores.

Ambos cuerpos reposaban cerca de las eternas estrellas, había tal silencio que sólo podía escucharse la música de las esferas —esa en la que abrevaba la flauta mágica de Mozart— y, entreverado en ella, mi corazón oía uno de los romances que el pueblo, siempre veraz aunque se equivoque, le dedicó a los hombres que yacían a mis pies.

En la provincia Albacete
en la sierra de Alcaraz
mataron al Pernales
también al Niño del Arahal.
Destino suyo ha sido
el ser extraño por estas tierras
el preguntarle a un guarda
cuál es el camino que lleva a la sierra.
El guarda les indicó el camino
y a Villaverde se ha encaminao
y al llegar al señor juez
le cuentan todo lo que ha pasao.
El señor juez al momento

mandó llamar a la Guardia Civil
todas las fuerzas que haya
para la sierra tien que salir.
Salieron dos de a pie
tres de a caballo, con un guía y un asistente
y a la cabeza que hacía
que iba un bravo teniente.
Al saltar las cordilleras
a los bandidos el alta les dio
y a los muy pocos momentos
El Niño al suelo cayó.
Pernales le dice al Niño
dame la mano, vamos, a ellos no hay que temer
si no me matan esta mañana
un gran recuerdo han de tener.
A los muy pocos momentos
Pernales al suelo caía
los cadáveres en un carro
a Bienservida los conducían.
El pueblo entero lloraba
con mucha pena y dolor
de ver a los dos bandidos
cruzados en un serón.
Pernales en toda su vida
no ha matado a ningún hombre
que el dinero que robaba
lo repartía entre los pobres.

X. La casa de Blas Infante

UN PERRO ANARQUISTA — EL PROYECTOR DE LA NADA — LA HISTORIA ENTERRADA — UNA CONVERSIÓN ISLÁMICA — FALANGISTAS EN LA CASA DE LA ALEGRÍA — EL CADÁVER MULTADO

Puesto que el hombre no es más que la historia que tras él queda, sé tú una bella historia para quien ha de compilarlas.

ANÓNIMO ANDALUSÍ

Casares está tan volcado al mar que pudiera soltarse de la inclinada ladera donde se asienta, y escurrirse de una vez por todas al pasado glorioso de donde procede.

Porque allí, a pocos kilómetros del Jebel de Tarik, África parece flotar sobre las aguas del Estrecho como un sueño al alcance de la mano, un sueño que se cumplió una vez pero que jamás volverá a realizarse: al igual que el resto de Al Ándalus, este lugar se dejaría conquistar fácilmente por el Sur y muy difícilmente por el Norte. Y el Sur está aquí tan cerca que su contemplación acaba doliendo.

En mi última visita a Casares donde, al igual que en Cádiz, jamás entró la francesada, me acompañó el podenco de raza portuguesa, y salvajismo montaraz, que ya se habrá orinado en algún que otro pasaje de este libro.

Si los también salvajes revolucionarios de Napoleón hubieran entrado en sus calles de nieve, y vieran desde el castillo la silueta femenina de los montes africanos, tal vez les hubiera surgido, en las mochilas donde guardaban el bastón de futuros mariscales, la idea de reconquistar ese continente fabuloso que conocieron pocos años antes, al desembarcar con mal pie en Egipto.

Mi perro era buena persona, pero tenía muy mala leche. Cualquiera la hubiera tenido igual de mala tras la cantidad de palos que recibió de sus dueños anteriores —como si de morisco se tratara— antes de que yo intentase la difícil aventura de adoptarlo. Entre otras gracias, tenía la ya señalada y maldita de ladrar a perros y personas que se cruzaran en su camino, a unos sí y a otros no, vete a saber de acuerdo a qué misterioso criterio. Lo soporté con los ojos en blanco, al modo franciscano, hasta que no puede más.

El caso es que desembarcamos, perro y yo, en lo alto del aparcamiento que ofrece de Casares una hermosísima imagen, digna de Braque o de Picasso. En los albores de la mañana amontona, en cuadrículas perfectas, una aglomeración de casas ascendentes; en ellas, el blanco imita a la luz naciente y el azul se confunde, en agostos límpidos, con la luz del cielo, como si el equilibrio ultramontano de las sombras y las blancas aristas hubiera podido inventarse, donde yo lo veía, como paradigma del cubismo.

Arrobado por ese misticismo *albasití* que a veces me acomete, en lugares donde la belleza alucina decidí, enajenado, soltar a mi acompañante, y lo primero que hizo el deshonesto *Chulín* fue huir a una velocidad espantosa y perderse por el dédalo callejero, de forma y manera que me vi corriendo por la empinada geografía del lugar llamándolo a gritos impropios de mi edad, saber y gobierno.

Desistí al cabo de un rato y me senté en el banco de una plaza encantadora, sinfonía de arquitectura rural cuyo coro era el agua que brotaba de una fuente. Como para inyectarse paz en vena. Pero mi relación de amor-odio con el chucho —Alá lo confunda— llegó al paroxismo. De mi cabeza empezaron a brotar rayos, centellas y dragones, al igual que en las viñetas donde Mortadelo se cabrea muchísimo con Filemón, o a la viceversa.

Al fin regresó, alegre por haberme hecho sufrir. Si tuviera tan mala uva como él, en ese momento le hubiera dado una patada en su escuchimizado trasero. Tentaciones me dieron, pese a mi exquisita educación. Mas hete aquí que en la ancha calle Carrera de donde procedía el chucho anarquista, paralela a un bello acantilado, descubro que se encuentra la casa-museo donde nació Blas Infante.

Ato de nuevo al miserable, y hacia allí me encamino, procurando que el atravesado *Chulín* no se me enrede a los pies y me dé un batacazo.

En el pequeño zaguán, de la igualmente pequeña casa, hay un mostrador tras del cual sonríe una morena, digna de un cartón de Goya. Allí saco una entrada y pido permiso para anclar al ladrador (ladraba incluso, desconsideradamente, a la chica) en la pata de un tresillo de madera que se encuentra enfrente.

Estoy en la casa del padre de la patria andaluza, de aquel ilustre abogado de los desposeídos cuya consigna, *Andalucía para sí, para España y para la humanidad* se enarbola, en flotante cartel, a la entrada del pueblo, tras una de las curvas vertiginosas de la carretera que hasta él llega.

Del hombre que se hizo musulmán, aunque muchos no tengan claro si por auténtica convicción, por hacerse unas fotos con chilaba o por mejor servir a las que consideraba verdaderas raíces de su pueblo. De quien se hizo carne y sangre de los robados, pese a sus orígenes burgueses, y de quien intentó agruparlos creando un Partido Andalucista, en plena satrapía de señoritos y a las puertas de una guerra que, como los volcanes más terribles, lejos de haberse apagado después de tanto tiempo, todavía echa humos amenazantes de vez en cuando.

Este personaje conmovedor tenía en Casares una casa humilde, encalada, pequeña, de dos plantas. Pero en ella, ahora, de Blas Infante no queda apenas rastro, tras haberse realizado una concienzuda operación aséptica; subo le escalera que da a la planta superior, donde hay una pequeña hornacina en la que reposan cuatro cacharros campesinos, una cocinilla de leña y poco más; las desnudas paredes blancas se cubren con cartelones donde se narran, bien limadas, noticias biográficas y reproducciones de fotos añejas; información toda ella que puede encontrarse, ampliada y mejorada, a poco que uno se interne en la Red. También hay una pantalla blanquísima donde no se proyecta nada. La nada, la nada y nada más que la nada, revestida de ese lenguaje incoloro que borra el alma del biografiado y lo reduce a una de esas fantasmales figuras que, invisibles, se esconden tras lo monigotes de un museo de cera.

Y falta, sobre todo, esa mesa de trabajo, que sin embargo está fotografiada en la entrada de la casa como reclamo para turistas, y que ha desaparecido; la mesa donde escribía y soñaba con el reverdecimiento de Andalucía, donde recibía a los campesinos sin tierra, donde se encontraban esos objetos personales, íntimos, que mejor describen el espíritu de sus poseedores.

¿Dónde ha ido a parar la mesa de despacho de Blas Infante?

Se lo pregunto a la morena de la entrada —mientras tanto, *Chulín,* atado a la pata del tresillo, lo ha ido arrastrando estruendosamente— pero aquella joven me dice que está en no sé qué almacén del Ayuntamiento, pero no sabe decirme por qué.

Mucho *por qué* ha faltado, en los anchos cartelones de las paredes, sobre la vida y sobre la muerte de Blas Infante.

Así que yo te hablaré de su vida, y también de su muerte.

Me imagino a Blas Infante, siendo niño, contemplando desde las ruinas del castillo un día claro, como el de mi visita, la silueta africana que puede verse un poco más allá de Gibraltar, al otro lado el mar. Lo veo soñar con abencerrajes y zegríes, con *abderramanes* y *almanzores,* con los libertadores venidos del desierto que desembarcaron, capitaneados por Tarik, en aquella formidable montaña: los restauradores de la cultura grecolatina que, protegidos por la capa verde del Islam, sustituyeron la tiranía de los godos por un régimen de tolerancia —como ya sabemos— donde tenían cabida todas las ideas, todas las creencias y todas las religiones.

Y luego, siendo un poco mayor, también lo veo comparando aquellos godos invasores del Norte con estos cristianos intransigentes y engañadores que invadieron después, los que destruyeron la más floreciente civilización de Europa, tras esclavizar y expulsar a una buena parte de sus habitantes, en nombre de un Dios que proponía ofrecer la otra mejilla.

Aquel soñador de un brillante pasado, y un futuro más justo, tenía bastante mejor talante que mi perro. Tal vez porque, al contrario que éste, tuvo una infancia dulce y abrigada. Su padre fue el abogado Luis Infante Andrade, que ejercía de secretario del Juzgado de Casares, y su madre Ginesa Pérez de Vargas, perteneciente a una familia de labradores acomodados. Vino a este mundo el 5 de julio de 1885, el mismo mes que su contrafigura, *El Pernales*, pero seis años después. Nacieron en cunas andaluzas muy distintas, pero ambos fueron abatidos por la misma mano y por los mismos motivos; aquel, por la busca azarosa de la libertad en mil montes perseguido; éste, por querer instaurar la libertad en los pueblos de Al Ándalus.

En alguna de sus obras hay un pasaje esclarecedor que lo revela. *La tiranía económica y política que se hubo de desarrollar desde la conquista de este pueblo* —escribe— *no puede parangonarse con la que pasó sobre pueblo alguno del mundo. Los andaluces oprimidos perdieron la esperanza de su libertad y aún se olvidaron de ella. Pero esto no quiere decir que, si llega el caso de ejercerla, no puedan demostrar los que después de tiranizados, vilipendiados fueron, que, si hubo un pueblo creador en España, este pueblo fue el de Andalucía, como lo patentiza su historia, enterrada por los dominadores y desenterrada hoy por muchos de sus hijos entusiastas, los cuales se sienten inspirados por la grandeza de la región.*

Chulín hubiera preferido la muerte, como los revolucionarios franceses, a la pérdida de la libertad, de modo que sólo a trancas y barrancas condescendía en ser anclado. De nuevo lo sujeté, al salir de la casa de Blas Infante, en el barrote de una reja, a la entrada de un bar desde cuyo interior podía vigilarlo.

En ese bar me confundieron con un turista extranjero de los pocos que suelen visitar el pueblo. Mientras me tomaba una caña, sin dejar de mirar al oprobioso can, se me acercó un individuo sonriente, deseoso de pegar hebra, porque en estos pueblos de la Andalucía interior la lenta monotonía de lo cotidiano se apodera de la atmósfera, y la llegada de un foráneo en sitio publico puede constituir una estimulante novedad.

El individuo en cuestión era, evidentemente, de origen campesino, moreno, patilludo, algo agitanado y de sonrisa franca. Como *Chulín* no dejaba de incordiar a casi todos los viandantes, fue el perro la chispa que encendió nuestra conversación. Al salir del establecimiento, a modo de despedida, se llevó la mano derecha al corazón, con un gesto idéntico al que utilizaron para despedirse de mí los marroquíes del cercano Atlas con quienes entablé conocimiento en anteriores viajes.

Se trataba, sin duda, del mismo tipo andalusí con el que trató Blas Infante a lo largo de su vida, el *fellahmengu*, «el campesino huido» que, agazapado en el anonimato de los pueblos perdidos, conservaba sin saberlo las viejas costumbres de sus antepasados.

El ectoplasma de aquel abogado rural volvió a salir de su casa expoliada para recordarme que fue él quien utilizó esa expresión árabe para referirse a la raíz del flamenco. En su libro *Orígenes de lo flamenco y secretos del cante jondo*, recopilación de textos sueltos publicado en la década de los 30, lo explica suficientemente: muchos del casi millón estimado por algunos autores de los moriscos que tuvieron que abandonar España regresaron clandestinamente y, para no ser reconocidos, adoptaron la vida nómada de los gitanos y se unieron a ellos en muchas ocasiones. El flamenco nacería de la fusión de ambas tradiciones musicales.

En las propias palabras de Infante, *unas bandas errantes, perseguidas con saña, pero sobre las cuales no pesa el anatema de la expulsión y de la muerte, vagan ahora de lugar en lugar y constituyen comunidades dirigidas por jerarcas y abiertas a todo desesperado peregrino, lanzado de la sociedad por la desgracia y el crimen. Basta cumplir un rito de iniciación para ingresar en ellos. Son los gitanos. Los hospitalarios gitanos errabundos, hermanos de todos los perseguidos. Los más desgraciados hijos de Dios, que diría Borrow. Hubo pues, necesidad de acogerse a ellos. A bandadas ingresaban aquellos andaluces (moriscos), los últimos descendientes de los hombres venidos de las culturas más bellas del mundo; ahora labradores huidos (en árabe, labrador huido o expulsado significa «fellahmengu»). ¿Comprendéis ahora porqué los gitanos de Andalucía constituyen, en decir de los escritores, el pueblo gitano más numeroso de la Tierra..?*

¿No resulta sorprendente la cantidad de «gitanos» que decidieron instalarse —o habría que decir reinstalarse— en el Sacromonte y en el Albaicín? ¿No escribe Washington Irwing que la Alhambra que conoció, en estado de abandono por el poco aprecio que de ella hacían los cristianos, estaba llena de «gitanos»?

No menos sorprendente parece que los flamencólogos al uso no suelan aceptar esta teoría, por razones que sospecho pero que se me escapan. El que fuera excelente amigo, poeta y flamencólogo Félix Grande, dio una conferencia sobre el tema en un Madrid que ya empieza a alejarse por los vericuetos del pasado. A su término le pregunté sobre su opinión acerca de la teoría de Blas Infante, y me contestó que bueno, que quién sabe, pero que era más sólida la idea de cantos venidos de Flandes y embrujados por la gitanería: nada de orígenes moriscos.

Ha transcurrido ya, entera, la primera década del siglo XXI, y nos hemos adentrado bien adentro en la segunda. Sin embargo, en muchos aspectos, parece que todavía no ha dejado de fluir el venenoso año de 1492.

Se ningunea a Blas Infante, se le quita hierro, su casa de Casares se edulcora para hacer más fácil su digestión. Incluso su hija niega que el padre de la patria andaluza se hubiera convertido al Islam.

María de los Ángeles Blas Infante, presidenta de la Fundación Blas Infante, quien tenía seis años cuando los falangistas entraron en su casa y se llevaron a su padre, concedió en 2011 una entrevista al periódico «Huelva Información». En ella consideró «una tontería» que Blas Infante fuera islamista. Sin embargo, en esa misma entrevista afirmó que su padre *admiraba a santa Teresa y a san Juan de la Cruz*, precisamente los dos santos más islamizados de la historia seráfica de España.

Lo cierto es que Blas Infante se convirtió, siquiera formalmente, al Islam, ocasión en la que adoptó el nombre de Ahmat. La *Shahada* o conversión mediante la manifestación pública de que *No hay más Dios que Alá y Mahoma es su profeta*, ocurrió el 15 de septiembre de 1924 en una pequeña mezquita de Agmat, población cercana a Marrakech, en presencia de dos testigos, nacidos en Marruecos y descendientes de moriscos. En aquella población se encuentra la tumba del rey y poeta de Córdoba y Sevilla al-Mutamid, y alrededor de esa tumba, como hace el peregrino que llega a la Meca, dio siete vueltas en sentido contrario al de las agujas del reloj antes de pronunciar su voto mahometano. Así lo relata Muhammed Ali Cherif Kettani en su libro *Inbia't al Islam fi Al Ándalus*, editado por la Universidad de Islamabad en 1992.

De que Blas Infante era tan masón como musulmán, tan sindicalista como nacionalista, como anarquista, aunque algunas de estas cosas parezcan antitéticas, no cabe duda alguna. Daba clases de árabe, su casa estaba decorada con caracteres de esta escritura y toda su obra literaria está salpicada de frases coránicas. No puede haber contradicciones entre ambas creencias —una, en la sumisión del hombre a Alá y la otra en la libertad del hombre— para un temperamento libre y universal, como el suyo, que se enriquecía con todo lo positivo que pudiera encontrar en cualquier doctrina: los individuos verdaderamente grandes nunca leen las letras pequeñas.

Demasiado grande para aquellos generalotes golpistas que armaban a su dios con un fusil y lo vestían con una camisa azul. Al objeto, claro está, no de que ese dios regresara a la tierra de los descreídos, sino de que los campesinos andaluces sin tierra, desgarrados por el dolor que inspira al flamenco, no pudieran recuperarla nunca.

Fuerzas falangistas asesinaron a Blas Infante en la madrugada del 10 al 11 de agosto de 1936. Se conoce el nombre de, al menos, uno de los asesinos, pero no lo voy a repetir. Lo trasladaron en un camión desde el cine Jáuregui de Sevilla hasta el kilómetro 4 de la carretera de Carmona. No hubo juicio ni sentencia de muerte. Ocho días antes, un grupo de falangistas acudió a detenerlo a su «Casa de la Alegría», o *Dar Al-farah*, en Coria del Río. Nunca más volvería a ver a su familia. Desde allí lo trasladaron al Ayuntamiento de Coria, y luego a la sede de los falangistas en Sevilla, para posteriormente confinarlo, junto a otros detenidos, en lo que hasta el golpe de estado había sido un cine.

Mucho después de su muerte, el 4 de mayo de 1940, un macabramente surrealista Tribunal de Responsabilidades Políticas le impuso una multa de dos mil pesetas, entre otras cosas por *propagandista para la constitución de un partido andalucista*, que hubo de pagar su viuda. Esta condena estúpida y estupefaciente parece seguir en vigor legal. Estanislao Naranjo Infante, nieto del asesinado, presentó en 2010 un recurso ante el Tribunal Supremo para que se anulase la sentencia.

Al parecer, Blas Infante no murió de inmediato. Logró incorporarse y, arrastrándose, llamó a la puerta de un convento de monjas clarisas pidiendo agua, por la espantosa sed que acomete a quienes sangran por heridas de bala. No le dejaron entrar porque se trataba de un «rojo» y auxiliarlo podría traer problemas. Su cadáver apareció junto a una pequeña fuente a las puertas del convento. Tal vez lograría aplacar su sed antes de morir.

Pero no su sed de libertad, ni la de su pueblo.

No tuve más remedio que devolver a *Chulín,* con harto dolor de mi corazón, a la casa de acogida de donde lo saqué.

Los días que pasé con él fueron angustiosos porque no hubo manera de socializarlo y me producía una tensión permanente. Pero aprendí de aquel perro indomable lo que era la libertad, esa que pagaron Blas Infante y *El Pernales* con sus vidas.

Y le dediqué este soneto:

A un rebelde, al que solté

He decidido hacer como mi perro
Y ladrar a los cuernos de la luna
Pues quien adopta condición lobuna
Ni sufre obligación ni aguanta encierro.

Gruñir a quien esgrima ley o hierro,
Mear al rey tunante y a su tuna,
Montar a todas, no ser de ninguna,
Oler donde hay placer, que allí no hay yerro.

Pues para qué si no son los colmillos
Sino para mostrarlos a los pillos
Que cercan de alambradas este mundo.

Pues para qué si no la luz del día
Sino para que alumbre la alegría
De ser libre, feroz y vagabundo.

XI. Dónde se esconden los moriscos

UN MENDIGO ENIGMÁTICO — LAS CUEVAS DE LOS MUSULMANES — MAQUIS CON TURBANTE — MUJERES «CASI EN CAMISA» — EL REGIMIENTO DE LOS ALMENDROS EN FLOR

En este estado en que me ves,
Si atentamente lo consideras,
Soy el más feliz de los hombres.
Mi morada es el sitio que quiero
En toda la superficie de la tierra.
Bebo la más clara de las aguas,
No poseo vestidos que despierten envidia
Ni me verás ningún dinero.
Como almohada pongo mi brazo derecho
Y cuando me vuelvo, el izquierdo (...)
Algunas cosas me eran placenteras en tiempos;
Mas reflexioné sobre ellas
Y vi que eran fantasmas.

ABU-WAHB AL-ABBASI AL-QURTUBÍ

Hace tiempo leí un libro que me impresionó: *Murieron para vivir. El resurgimiento del Islam y el Sufismo en España.*

Lo escribieron un granadino, el periodista Francisco López Barrios, y un norteamericano abducido por Granada, el profesor Miguel José Haguerty. Lo leí de un tirón y deduje que el título estaba equivocado. Porque de su lectura se desprende que los moriscos no murieron, sino que muchos de ellos seguían vivos en España, ocultando su identidad y fieles a sus raíces.

En ese libro se relata que una tarde de verano de 1976, cuando cinco estudiantes universitarios —dos de ellos sirios y tres españoles— estaban tomando café en una terraza de Mojácar, un anciano se acercó a pedirles limosna.

Uno de los españoles echó mano al bolsillo mientras los sirios intercambiaban algunas palabras en árabe. Al mendigo, entonces, se le iluminó la cara y les preguntó en ese idioma de qué país procedían.

El hecho era lo bastante sorprendente como para que el grupo invitase al desconocido a compartir mesa y conversación, suponiendo que se trataba de un ex legionario que habría aprendido a chapurrear el árabe en Marruecos.

Pero no era así, porque aquel individuo, que se confesó musulmán, hablaba un árabe culto, salpicado de curiosos arcaísmos de resonancias clásicas, según pudieron constatar los sirios.

Le preguntaron si había vivido de pequeño en algún país de África o de Oriente. Respondió que no, que era de Mojácar, y que idioma y religión los había heredado de sus padres, y estos a su vez de sus abuelos y sus tatarabuelos, aunque a veces se vieran forzados a visitar iglesias y fingirse cristianos.

Había en su niñez, según dijo, otras familias que se encontraban en las mismas circunstancias. La suya se vio forzada a emigrar a Argentina, tras el triunfo de las fuerzas franquistas y el previsible recrudecimiento católico.

Recordó que en cierta ocasión, antes de la guerra, viajaron a Vejer de la frontera, en la provincia de Cádiz, donde fueron recibidos por otros musulmanes andaluces. Allí, clandestinamente, en unas cuevas cercanas al pueblo, se reunieron todos para rezar a Alá mirando a la Meca. Durante el largo camino de Mojácar a Vejer fueron socorridos por correligionarios que, como ellos mismos, seguían ocultando y practicando la religión de sus antepasados.

El mendigo aceptó viajar con los estudiantes hasta Vejer, y allí intentó localizar las cuevas donde se habían reunido los criptomusulmanes. En una de ellas, cuya entrada estaba cubierta por la maleza, señal de que no había sido visitada en mucho tiempo, existía una inscripción en árabe en un rincón que tal vez hacía funciones de *mihrab* o espacio donde el creyente dirige su oración a la Meca.

El enigmático mendigo acabó desapareciendo sin dejar rastro; es decir, volvería a la atmósfera de ocultación soportada por los suyos durante cuatro siglos: seguiría vigente en la España contemporánea la *taquiyya* u ocultamiento de la fe, incluso con la simulación de ser cristiano, que prescribe el Corán para sus fieles en tiempos de persecución.

De ser cierta la vigencia actual de esa ley de silencio, cabría preguntarse por qué se sigue acatando, y cómo sería posible quebrantarla para sacar a flote el dolor que encierra.

La Inquisición hace tiempo que ha desaparecido, pero su espectro cabe sospechar que siga flotando en los remotos pueblos de Al Ándalus, donde todo el mundo se conoce, todo el mundo calla y es larga la sombra del campanario.

Si algún día, uno de estos moriscos disimulados se decidiera a contar historias de sus abuelos, nos encontraríamos con relatos fascinantes sobre esa cara oculta de España que vislumbramos apenas en textos dispersos, como el pasaje cervantino de Ricote, vecino de Sancho Panza, emigrado a Europa tras el decreto de expulsión, pero que regresó de tapadillo. Aprenderíamos de primera mano cómo se las arreglaron aquellos forajidos para sobrevivir sin ser vistos en el país donde habían nacido, pero del que fueron ignominiosamente expulsados.

Tal vez los tiempos han madurado, quizá esas historias estén esperando que alguien tenga la fortuna de encontrar a quien se anime a contárnoslas.

Y si no historias cumplidas de siglos de ocultamiento, sí llegan hasta nosotros vislumbres de que esos moriscos clandestinos no sólo existen hoy día, sino que gozan de dos cosas excelentes, memoria de quienes les precedieron y vitalidad suficiente para que sus voces puedan ser escuchadas. Quizá no todavía, pero sí en cuanto el larguísimo temporal que les obliga a permanecer a cubierto empiece a amainar un poco más.

Testigo unas veces de esos vislumbres, y cronista otras, ha sido Rodolfo Gil Benumeya Grimau, hijo del africanista del mismo nombre que escribió sobre el norte de Marruecos cuando era protectorado español y el régimen franquista mostraba cierta simpatía por los musulmanes de aquella zona, incluyendo su costumbre —políticamente incorrecta hoy— de fumar grifa. Eran, claro, otros tiempos, pero la infancia de su hijo, Benumeya Grimau, fue pródiga de experiencias moriscas que vertió en colaboraciones de prensa.

Los moriscos, señala en un artículo, siguieron practicando una larga tradición de *taquiyya* que se remonta al siglo XVII, en el momento mismo de su relativa expulsión. Cualquier disfraz era entonces bueno. Algunos no tuvieron inconveniente en hacerse curas.

Disfraces, añadimos nosotros, con los que lograron mimetizarse, a veces, con las gentes de los pueblos donde vivían; aunque también parece cierto que muchas otras veces los campesinos que los acogieron fingían a su vez desconocer el origen de los camuflados, y de ese modo se lograba una convivencia basada en el guiño, el disimulo y las medias verdades, en aquellos lugares donde no llegaba la autoridad o, donde si llegaba, sus representantes no tenían demasiado interés en ejercerla.

En uno de los Episodios Nacionales de Galdós, *Aita Tettauen,* ambientado en la guerra de África emprendida por O'Donnell en 1859 para castigar las incursiones marroquíes contra Ceuta y Melilla, aparece un párrafo singular. Uno de los protagonistas, refiriéndose al estrecho parentesco de los soldados españoles con los «moros», asegura haber visto *ese parentesco muy cerca de mí. Mi segunda mujer, alpujarreña, me tenía siempre la casa llena de sahumerios. Y sabía poner el alcuzcuz. Contábame que su madre se pintaba de amarillo las uñas y que su padre se sentaba siempre en el suelo con las piernas cruzadas. Era mi señora suegra mujer humilde, y según me contaron no se incomodaba porque su marido, mi señor suegro, se regalase con otras dos mujeres de añadidura.*

Benumeya Grimau, por su parte, deja constancia de lo que seguía ocurriendo cien años después:

En La Venta Ratonera —escribe— *trabajaban dos mujeres que atendían a la casa y a la cocina. Trabajaban también algunos hombres. Según me dijo Ángel Pastor, las mujeres no eran de Fiñana sino de otros pueblos de los alrededores; no sé si los hombres igualmente. De todas formas, de las mujeres me dijo Ángel de manera explícita: «son moras» Luego me precisó que, en esa parte de Las Alpujarras, unos pueblos eran cristianos y otros «moros». Se diferenciaban en algunas costumbres, los llamados «moros» eran de sociedades mucho más cerradas, endogámicas. Tenían tradiciones particulares, como el rapto de la novia, según la cual el hombre debía raptar a la mujer y llevársela al campo de noche, lo que obligaba al hecho del matrimonio y borraba cualquier impedimento; lo cual, incluso, circunscribía al círculo social del pueblo la aproximación a la fémina y el asalto del varón sin muchas posibilidades para un forastero. Ángel suponía que el casamiento se efectuaba por lo que entonces era lo legal e indefectible, o sea el enlace eclesiástico-civil, pero no sabía si se daba otro tipo de contrato o ceremonia paralela.*

En lo que sí insistió varias veces fue en la personalidad tupida de las comunidades de estos pueblos, que procuraban tener una autarquía pública administrativa, por decirlo de algún modo, hasta el punto —que para él era pintoresco— de buscar un párroco que fuera originario del vecindario y unos guardias civiles que también lo fueran o que procedieran de pueblos similares. Me dio el nombre de una población en la que tanto el cabo como los números de la Benemérita eran del lugar.

Por aquel entonces José María Cordero Torres, un africanista del régimen, le contó a Benumeya Grimau, con cierta ironía andaluza, *que Franco no se atrevió a entrar en Las Alpujarras durante una de sus escasas visitas a Andalucía porque sus servicios de vigilancia le habían advertido que la zona no era segura; lo que parecía venir confirmado por la existencia anterior o coetánea de unos maquis barbudos que luchaban o asaltaban tocados con turbantes, al estilo de los antiguos monfíes.*

Este autor menciona lo que a su vez le contó su padre acerca de *un hallazgo de libros escritos en árabe, entre ellos algún Corán y tal vez unos misceláneos aljamiados, que fue trasladado a Almería y expuesto en la Diputación, de donde desapareció presumiéndose con bastante fundamento que fue robado por gente del pueblo de donde procedía para ser devuelto allí y ocultado.*

Un episodio sin duda propio de monfíes… Pero ocurrido casi en nuestros días, a mediados de los años cincuenta del pasado siglo.

No hay desperdicio en lo que nos informa Benumeya Grimau. Le dejo hablar:

Estando en Tetuán, durante mi etapa de director del Centro Cultural Español, luego Instituto Cervantes, recibí entre 1991 y 1993, la visita en mi despacho de unas señoras andaluzas, madre e hija, alpujarreñas ambas, que necesitaban resolver algún asunto. Como me dijeron que se llamaban Muley Abdelá de apellido y yo tal vez manifestase cierto asombro porque aseguraban que este nombre no tenía origen marroquí, igual que ha ocurrido con algunos apellidos de españoles a partir de 1900 y 1939, me mostraron sus pasaportes y me contaron que eran descendientes de moriscos y que el apellido había dado las variantes de Muley, Abdelá y Delá, según creo.

*Lamento no haber tenido la reacción necesaria porque después he comprendido que, probablemente, eran del tronco de Mawlay 'Abd Allah, hermano menor de Muhammad Ibn Ummayya, cuyo nombre a lo cristiano fue Luis de Válor (*el que encabezó la última rebelión armada morisca en Las Alpujarras*). Como es sabido Mawlay=Muley, «mi señor», es tratamiento para los descendientes de familias reales en el occidente islámico.*

Recuerdo que respecto a la ocultación morisca, simultánea con la transmisión de una herencia islámica, dos personas muy diferentes, en tiempos muy dispares, pero ambas nacidas en la región de Valencia, me refirieron hechos de ese entronque. La primera persona fue una compañera ocasional de bachillerato, a la que luego encontré regularmente en la carrera y en el Ateneo de Madrid. Terminó sincerándose conmigo al decirme que tanto su familia como ella eran musulmanes por tradición, aunque sabían poco del Islam y guardaban muy discretamente su procedencia. La segunda persona ha sido una colaboradora mía en el Instituto Cervantes en Lisboa. No me ha dicho que fuera musulmana, pero sí que conocía el dato de que algunas familias de las sierras cercanas a Valencia transmitían el 'secreto' de su filiación morisca a un sólo miembro de cada generación. Las familias no querían que se difundiera el hecho pero tampoco querían que se perdiera.

Pese a estos destellos en la oscuridad, se nos oculta la evolución de las costumbres de estos moriscos que no quisieron unirse a los expulsados y lograron quedarse; aunque sí sabemos algo de las que usaban en el momento de la expulsión y que algunas de ellas, como las relacionadas con la permisividad sexual —si prestamos credibilidad al siempre bien informado Galdós—, se siguieron manteniendo en la clandestinidad, al menos durante el siglo XIX.

Para conocer cómo vivían los últimos moriscos legales del siglo XVII disponemos del documento que nos proporciona un testigo muy singular, un inquisidor valenciano que, precisamente por no tenerles buena ley, hizo de ellos un retrato revelador.

Era, como cabría esperar, un dominico. Se llamaba Jaime Bleda, natural de Algemesí; nació en 1550 y fue a dar con sus huesos a la huesa en 1622. Tenía 61 años cuando se produjo —en buena parte gracias a su intervención, en contra de la opinión del arzobispo Juan de Ribera, que no la quería— la expulsión definitiva de sus compatriotas muslimes, por lo que pudo conocerlos —y despreciarlos— de la forma que queda reflejada en su *Coronica de los moros de España.*

«Gente vivísima, descuidada —dice el fray— *(....), ajena a todo trato urbano, cortés y político (...), torpes en sus razones, bestiales en sus discurso, bárbaros en su lenguaje, ridículos en su traje, con gregesquillos ligeros de lienzo (...), andando en todos tiempos (*las mujeres*) ligeras y desembarazadas con poca ropa, casi en camisa, pero muy peinadas las jóvenes, lavadas y limpias (...).*

En sus cocinas yacían (cuando estaban enfermos) con un jarro de agua al lado, sin otra medicina más que dieta. Y con eso curaban sus calenturas. Nunca se sangraban ni purgaban, ni llamaban a médicos, aunque había algunos de su nación, y así vivían los 80, 90 y 100 años. Tenían cirujanos que con ungüentos hacían maravillosas curas.

Comían cosas viles, que hasta en esto han padecido en esta vida por juicio del cielo, como son fresas, de diversas harinas, de legumbres, lentejas, panizo, habas, mijo y pan de lo mismo y de alcandía (de mijo y centeno). Con este pan los que podían juntaban pasas, higos, arrope, miel, leche, y en el Reino de Valencia cada día comían arroz. Eran grandes amigos de frutas y hortalizas. Hartábanse de pepinos, berenjenas y melones y después de jarros de agua, sin que les dañase (...) Gastaban poco en comer. Sus carnes ordinariamente eran de cabra, de oveja. Eran grandes amigos de pescados secos y baratos (…) y de ensalada cruda. Gastaban mucho aceite y con él freían la cabra (…)

Eran entregadísimos sobremanera al vicio de la carne, de suerte que sus pláticas dellos y dellas (…)era tratar desso, no guardándose lealtad unos a otros, ni respetando parientes a parientes, sino llevándolo todo a rienda suelta, y tan sin miramiento a ley natural ni Divina que usaban todo incesto, y entre ellos no se tenía por pecado ni por infamia estar amigadas las mujeres con sus cuñados, y para ello tenían licencia de sus maridos (…), ni había continente alguno entre ellos, hombre ni mujer, señal clara de su aborrecimiento con la vida honesta y casta…»

Descripción denigrante que sin embargo, a los ojos de hoy resulta laudatoria. Un lector contemporáneo puede deducir lo muy apretado de sexualidad que andaba el fraile, comparándola con la que gozaban aquellos descreídos con sus *mujeres casi en camisa, pero muy peinadas las jóvenes, lavadas y limpias…* Y si nos fijamos en lo que dice sobre la alimentación y régimen de vida de los moriscos, ¿a quién puede extrañarle que vivieran *80, 90 y 100 años*? Cualquier dietista alabaría esa forma de comer, cualquier naturista esa forma de curarse.

En contraposición, podemos imaginarnos cómo vivían aquellos cristianos gotosos que no se lavaban, se atiborraban de colesterol y embutían a sus mujeres en agobiantes ropas que acababan siendo malolientes por falta de jabón.

Otro testigo importante de aquella época, Pedro de León, era novicio de la Compañía de Jesús en Granada cuando ocurrió la trágica noche del 24 de diciembre de 1568, origen de la sublevación morisca. Conocía perfectamente el carácter de los sublevados y los ponderó sin mala fe, al contrario que el dominico Bleda, cuyas descripciones de mala baba hemos leído más arriba. Para el De León los moriscos, en general, eran personas honradas y con un alto sentido de la justicia. Esa opinión queda claramente reflejada en sus escritos sobre ellos, redactados entre 1615 y 1616.

«Porque lo uno de ellos —escribe—, *eran fieles, que no tomarían ni una castaña de su vecino por todo lo del mundo, y a tanta verdad esto (como nos lo contaban los que habían criado con ellos, y se habían quedado en los mismos pueblos, como ganaderos y principales pobladores) que si tenían los moriscos las huertas juntas y cargaban las ramas de*

su nogal sobre las de su vecino, cuando lo iba a coger, conocían las que eran del suyo y cuáles las del vecino, y estándoles cogiendo arrojaban hacia el nogal o castaño del vecino las que le parecían que eran del otro, y echándolas decían: no hace mi merced Dios con las del vecino. Y en otras cosas de hurto por maravilla eran cogidos en ellas. Pues en lo que es misericordiosos y compasivos, es cosa de admiración cómo se compadecían de los menesterosos y necesitados, saliendo por los caminos con la caldera de las gachas y el pan para darles a los que venían hambrientos, pordioseros, y si enviudaba la otra que era su vecina le decía el morisco vecino: señora, aquí estar yo que hacer los mandados, y les llevaban el pan al horno y les traían de la plaza lo que habían menester».

No sabes lo bien que sabe el pan recién sacado de un horno morisco. En las Peñas de San Pedro, a treinta kilómetros de Albacete, donde comienza la remota y fabulosa Sierra de Alcaraz, se ha conservado uno, y allí lo siguen cociendo, por amorosa tradición, como hicieron sus abuelos. El horno morisco no tiene más que una cavidad —al contrario que los hornos posteriores, donde brasas arden debajo— de modo que a un lado se coloca la masa y al otro las brasas, sin que lleguen a tocarse, pero en hermosa vecindad: gloria pura el aroma de la corteza caliente, aunque casi se quemen los dedos que sostengan al pan recién cocido.

De olores va la cosa, aunque sean metafísicos. Y así fue que, con el ánimo de olisquear las huellas de los últimos moriscos, me acerqué a un lugar donde sigue siendo muy intenso su perfume, al otro Albacete que existe en España, Albacete de Órgiva.

Así llamado por la misma razón que el Albacete mío, porque se trata de una ciudad asentada en la parte más horizontal de Las Alpujarras, a la orilla de un río. Arriba, los montañosos pueblos alpujarreños de los que fuera capital cuando se produjo la rebelión contra Felipe II, encabezada por Luis de Válor: escenario del terrible drama que enfrentó la cruz y la media luna, y cuyas salpicaduras nos siguen enrojeciendo.

El cielo es tan terso que uno tiene la sensación de viajar bajo un diamante. De Lanjarón a Órgiva, la carretera está flanqueada, este maravilloso primero de marzo, por un regimiento de almendros en flor que ofician la agonía del invierno. A la salida del pueblo del agua, me paro frente a una fuente y me brota un *haiku*:

Flores de almendro,
El agua de una fuente,
Labios de nieve.

No es una fuente cualquiera, sino que sobre su caño, el Ayuntamiento de Lanjarón ha tenido la buena idea de colocar unos azulejos blancos, enmarcados con otros de un azul tan intenso como el cielo soleado de esta mañana.

Y sobre esos azulejos, níveos como la sierra que protege la Alpujarra, hay escrito un poema con caracteres azules:

El niño busca su voz
(La tenia el rey de los grillos)
En una gota de agua
Buscaba su voz el niño.
No la quiero para hablar,
Me haré con ella un anillo
Que llevará mi silencio
En su dedo pequeñito.

En una gota de agua
buscaba su voz el niño.
(La voz cautiva, a lo lejos,
se ponía un traje de grillo)

Y abajo, la firma de un tal F. García Lorca.

Bebo con alegría ese néctar lorquiano, cae el agua por las comisuras de mi boca y siento cómo momentos así compensan las tristezas de una vida. *Rocinante* me espera sin prisas, con el motor convenientemente apagado, y no quisiera moverme de aquí nunca. Tal vez él tampoco.

Pero abajo, detrás de las curvas suaves, también me espera Órgiva. Enciendo el motor y mi compañero ronronea con su habitual satisfacción, porque le pasa como a mí: le gusta tanto el sosiego como la marcha.

A derecha e izquierda se suceden, que es un delirio, más almendros en flor. Tras vueltas y revueltas aparecen a mis ojos viejas y queridas montañas que contemplé hace veinte años, cuando por primera vez aspiré la atmósfera islámica de aquel Albacete, tan distinto del mío. La blancura de los almendros, robada a la nieve que corona las montañas, me hace recordar los soberbios versos de Ibn Zaydum escritos en una Sevilla taifa, donde el plenilunio se sostenía, en noches mágicas, con el alminar de la Giralda:

Cuando sus dedos blancos me alargaron el ramo de jazmines
cogí luceros luminosos de la mano de la luna.

Veinte años no es nada, y nada esencial ha cambiado en este pueblo. Los automóviles discurren con poca intensidad en sus dos o tres calles principales para luego anclarse en las secundarias durante todo el día, como perros al sol o gatos a la sombra. Los azulejos de algunos zaguanes describen en arabescos el nombre de Alá. Caminan lentas mujeres con la cabeza cubierta, al lado de amas de casa destocadas que llevan la cesta de la compra, y con paso algo trastabillado remolonean lentos *hippies,* pasados de rosca, que han encontrado aquí su refugio, pues todo es lento, el aire es tan reconfortante como debe de serlo el silencio cuando cae la noche. Es difícil imaginar que fuera en Órgiva donde se entablaron los encuentros más salvajes entre los cristianos y los últimos moriscos armados.

Pregunto a una quiosquera, que toma el sol al fondo de su cubículo, dónde se encuentra el bar *Baraka,* pues sé que allí se reúnen algunos muladíes —cristianos convertidos al Islam— procedentes de diversos lugares de España.

El bar está, Órgiva arriba, en una tranquila plaza en pendiente tras el cuartel de la Guardia Civil.

La impaciencia por regresar al Sur me obligó a pasar toda la noche conduciendo desde Madrid. A mi *Rocinante,* que es duro como un *Pantzer* alemán, no le importó mucho, pero yo, a primeras horas de la mañana, estoy hecho polvo. El cansancio me ha hecho penetrar en una especie de trance, el sueño acumulado hace que la realidad se perciba como un sueño. Tan dormido estuve que al entrar en Granada me equivoqué de carretera y llegué hasta las cumbres de Sierra Nevada.

Pero nieve, insomnio y fatiga han purificado mi corazón.

Y como quien sueña, ando libre de prejuicios, huyen de mí los temores y tengo tantas ganas de dormir como de llegar a ese *Baraka,* que se me antoja un lugar de magia.

Efectivamente, lo es. Al llegar a la terraza del establecimiento un camarero me pregunta qué quiero tomar y yo le digo que un café con leche e información sobre los últimos moriscos de la Alpujarra.

Mi contestación pudiera parecer absurda en cualquier otro lugar del mundo; pero no en este café, en cuya terraza hay sentado un individuo que me observa con simpatía. El camarero, un joven converso que cambió su nombre castellano por el de Casin, no se sorprende por lo que le he pedido; me sonríe como náufrago que encuentra a náufrago, o camello a camello en mitad del desierto —suponiendo que los cariñosos camellos puedan sonreír—, y me aclara que quien puede saber de eso es su jefe, por mahometano nombre de adopción llamado Omán, que no tardará en llegar, pero que ahora no se encuentra en el café.

Casin entra para traerme el mío; desde otra mesa, el individuo que no ha dejado de mirarme desde que llegué me dice saber quién podría darme la información que pido.

Se llama Juan Manuel y me parece que no profesa otra religión que la cordialidad. Está claro, en esta mañana dulce y lenta necesita comunicarse con alguien. Le confieso lo bien que me encuentro en este pueblo soleado y de aire virginal.

—Todo el que viene —contesta— se queda aquí para siempre.

Tal vez otro día lo haga, no sé si para siempre, pero no es hoy esa mi intención, sino que quiero llegar a mi refugio del Arroyo de la Miel para entregarme en cuerpo y alma al sueño.

Juan Manuel, me informa, se dedica a la venta y alquiler de pisos y casas en el pueblo. Y también de que una señora que vino a Órgiva, por ver de alquilar una casa, ha escrito un hermoso libro sobre Al Ándalus; me da su nombre y su teléfono.

—Dile que vas de mi parte —el tuteo se produce en estos pueblos con facilidad— y te tratará bien.

Anoto esos datos, así como el teléfono de Omar que me proporciona Casin, pues su jefe sí tarda en llegar, y yo me quiero ir cuanto antes porque se me cierran los ojos.

Tomo mi café, mi tostada con tomate, aspiro la serenidad de este pueblo, y comprendo que el nombre del bar donde me encuentro se refiere en realidad a todo Órgiva, donde la atmósfera esta llena de esa *Baraka* que disuelve el dolor y atrae la buena suerte.

Aunque yo no la haya tenido, esta vez, en mi empeño, pues llamo con el móvil a Omar, quien también me tutea con naturalidad, y me dice que nada sabe de esos posibles moriscos escondidos en las montañas.

O tal vez transitando por las calles de Órgiva como si tal cosa; pero sin mezclarse con los muladíes, pienso yo.

Quedamos en que me llamará si llega a saber algo, y dejo atrás un pueblo encantador, a pesar de su sangriento pasado, que ejerce una atracción irresistible a mahometanos de viejo y nuevo cuño. Yo, que no soy de unos ni de otros, sino de mi tierra sin más adjetivos, me adhiero con respeto a esa atracción y me voy con pena, porque nada o muy poco he conseguido de lo que vine a buscar.

Pero algún día volveré.

Si Alá lo permite.

Como suele ocurrir con frecuencia, cuando uno va buscando una cosa encuentra otra. Órgiva me dio dos: el contacto con sus muladíes y la posibilidad de otro contacto enriquecedor, que logré después, gracias al amable corredor de fincas urbanas, con la autora de un libro delicioso, que desde aquí recomiendo para quien quiera conocer con pelos, señales y excelentes fotografías lo que pasó por estas tierras. Se llama *Al Ándalus, cuando Iberia era musulmana*, y está escrito, con pluma exacta y certera, por una arquitecta argentina de antepasados españoles llamada Claudia Santos. Se devora con fruición y deja un sabor exquisito.

En cuanto a los muladíes de Órgiva, con quienes apenas conecté por falta de sueño, o porque el destino así lo dispuso, puedo decir algo sacado de un periódico de cuyo nombre no quiero acordarme, porque en mi juventud lo amé pero luego ambos envejecimos, cada cual por un lado: él por el de la derecha y yo por el otro.

En ese periódico se decía que el café *Baraka* está regentado por el bilbaíno Qasim, de 41 años, musulmán converso, anteriormente llamado Pedro Barrio. Y que hasta hace unos años estos muladíes fueron espiados por el Centro Nacional de Inteligencia: CNI, nuestra CIA de andar por casa.

Omar Ibrahin, el regente del *Baraka* con quien hablé por teléfono, un madrileño de 59 años, afirmó en aquel periódico que *nos citaron en un lugar cuyo nombre no puedo decir y nos preguntaron quiénes éramos, qué hacíamos, qué relación teníamos con grupos islamistas. Después de un tiempo, al comprender que solo cantábamos y rezábamos, nos dejaron en paz. Pero algunos seguimos teniendo pinchados los teléfonos.*

Por lo que pude ver, los del *Baraka* tienen tanta pinta de terroristas como yo de *pinchateléfonos.* Aunque vivamos en la esperanza de que todo cambia, debemos aceptar que, de momento, las cosas son así: la desconfianza hacia «el otro», aunque ese «otro» sea de los nuestros, sigue siendo una losa para la convivencia de los españoles.

Tal vez por eso continúen practicando la *taquiyya* los moriscos escondidos, si alguno queda por las montañas de Al Ándalus, que quedarán, y muchos. Pero con la boca cerrada. Y más en los tiempos que corren.

XII. Llaves sin casa

EL TAXI DE LAS SARDINAS EN LATA — PRÍNCIPES DE CUATRO PATAS — PATERAS EN SENTIDO CONTRARIO — EL PRIMER GENOCIDIO

> *¿No sabes que quedarse aquí es la ruina; que las casas de los perezosos son como sepulcros, y que los peligros de los grandes desiertos garantizan al que los atraviesa que la recompensa será grande?*
>
> IBN DARRAY

Sabido es que el tiempo late de forma diferente en cada lugar y que existen, lejos del aturdimiento metropolitano, sitios donde la lentitud es la norma y la prisa el mayor pecado.

Xauen, en el norte de Marruecos, es uno de esos lugares. Caminas por el desierto y ves de pronto una joya que brilla en la arena; te encuentras en lo que parece el centro de la negrura, y sin que te hayas dado cuenta, poco a poco, te visita una aurora que pone fin a tu sufrimiento para siempre; o subes por una carretera infecta, a bordo de un taxi colectivo bastante bronquítico, lata donde te conviertes en sardina junto a otras cinco...

...Y al final de un viaje muy barato, deslumbrante de luz africana, de cientos de asnos —¡Todavía existen!— sobre cuyos lomos hospitalarios picotean liendres hermosos pájaros blancos; de montañas a cada recodo del camino más poderosas, después de todo eso aparece una fantasmagoría andalusí que se tiende en la hamaca que forman dos picos, los «dos cuernos», que es lo que significa en árabe el nombre de esa ciudad sagrada.

El taxi entra despacio, renqueante, reumático, en *Las mil y una noches*. Te apeas del vehículo que te ha llevado desde la frontera de Ceuta, te sacudes escamas, vuelves a ser persona, y te sumerges en una insospechada Edad Media que estuvo prohibida a los infieles, y por ello la desconocieron los europeos, hasta que en 1920 entró la Legión.

Calles que culebrean arriba y abajo en un pequeño laberinto, anudado de placitas donde sencillas fuentes, bajo la fronda de árboles tranquilos que ningún viento molesta, cantan la gloria de Alá en una veraniega tarde de octubre, abrigada de pájaros igualmente cantores.

Es una medina marroquí, como tantas otras, donde no pueden pasar automóviles ni motos apestosas. Pero que, a diferencia de tantas otras, conserva edificios de aquellos moriscos expulsados por la traición de Isabel y Fernando y la crueldad de Carlos y *Felipes*. De ahí que sus tejados —algo raro en Marruecos— estén coronados por las mismas tejas árabes de los pueblos de Andalucía.

Puro Al Ándalus, como pudo haber sido aquel donde convivieron tres religiones: calles rotuladas en castellano y adarves, nombrados con la palabra árabe *derb,* pero en caracteres latinos; casas encaladas de blanco y azul, el primer color para defenderse de la luz y el segundo de los insectos, gentes que desparraman serenidad bajo chilabas y caftanes, ojos fogosamente asesinos, defendidos por el negro *kool,* que te atraviesan la mirada todavía, pocas veces ya, desde el misterio de un rostro velado, churrerías donde aún atan buñuelos recién hechos con trozos de junco, como en aquellas lejanas provincias de nuestra infancia...

...Y gatos, cientos de gatos medio silvestres, tiernos, melancólicos, sagaces, que avanzan pausadamente por estas calles centenarias como príncipes de Persia.

Caminan enjoyados con la elegancia de su instinto, sabiendo que cumplen con el deber de sanear el subsuelo de ese oculto ejército de ratas que acudieron a Xauen tras de sus primeros pobladores, una vez que estos comprobaron que no podría haber mejor agua de nevados manantiales, ni mejor aire de cumbres poco violadas en cientos de kilómetros a la redonda.

Aire puro y agua limpia que parecen expresamente importados de las montañas mágicas de Al Ándalus, y que tanto bien otorgan a los humanos y a los felinos.

Los gatos de Xauen, tan relajados y relajantes como los que he visto en algunos pueblos remotos de la Axarquía malagueña, son excelentes ciudadanos. Cada uno de ellos posee un «amo» que le da de comer, aunque escasamente, pues tiene que buscarse la vida, merodeando por esquinas y alcantarillas, a la caza de los malditos roedores; de manera que, al igual que aquel político tardofranquista, pueden asegurar que la calle es suya.

Por ser felinos carecen de nacionalidad reconocida, pero como los mismos marroquíes, gustan del ágora y el callejeo y, a veces, incluso se muestran algo cariñosos con los turistas, por lo que les pueda caer. No llegan a ofrecerse como guías, pero les falta poco.

Hasta aquí llegaron en una primera hornada —sabe Alá si con gatos andalusíes— los moriscos expulsados de su tierra. Por lo que parte de sus habitantes tienen por igual honra hablar árabe y castellano, conservan apellidos españoles y guardan como reliquia de familia la llave de la casa andalusí que se vieron forzados a abandonar.

Me siento en la terraza de un cafetín, frente a un té con hierbabuena, a la sombra de un árbol gigantesco que soy incapaz de determinar, en una de esas plazas recoletas que escapan al tiempo cuando cae la tarde, y me sumo —propiciada por el humo que difunde cercana pipa de kif— en una dulce evocación de aquellos moriscos que, pese a haber nacido en África, han sido fieles a la memoria de sus ancestros españoles.

Me viene a la mente la gallardía de una mujer valerosa. Se llama Hayat Dinia; en noviembre de 2009, cuatrocientos años justos después de la expulsión, enterró a Omar, su padre, en la ciudad natal de ambos; una semana después abandonó Rabat y se vino a España para reencontrarse con sus raíces. Se llama Dinia porque sus antepasados tuvieron que abandonar Denia hace cuatro siglos; durante cuatro siglos, su familia, y la de muchos otros, soñó generación tras generación con ese regreso.

Vino sola, y solamente para recoger un poco de la tierra levantina de sus ancestros y añadirla a la tierra africana donde yacía Omar. Los abuelos de los abuelos de sus abuelos habían partido del puerto de Denia apenas con lo puesto, y tuvieron la suerte de no ser atrapados, al llegar a las orillas marroquíes, por aquellos piratas que no dudaban en abrirlos en canal para comprobar si se habían tragado sus joyas.

África fue, sin embargo, acogedora para los venidos de Denia en cientos de barcazas, no muy disímiles de las pateras que hoy llevan la misma dirección, pero en sentido contrario. Se habían traído las llaves de sus casas porque esperaban que el exilio iba a ser corto, pues no imaginaban rey cristiano capaz de muy larga felonía.

Se equivocaron.

El caso de Dinia no es singular; durante cuatro siglos, y hasta hoy, han sido incontables, y anónimos, los descendientes de moriscos que regresaron a España, de visita o bien para quedarse con mayor o menor clandestinidad. Si el regreso de Dinia ha salido a la luz ha sido porque a la sociedad española, en cuanto ha alcanzado un mínimo de democracia, se le ha permitido la organización de grupos que reivindican la memoria histórica, tanto reciente como antigua, y puede así dar voz a las víctimas de injusticias, recientes o lejanas.

Desde el puerto de donde partieron los moriscos, Dinia lanzó al mar el pañuelo de su padre, probablemente después de haberlo humedecido con sus lágrimas.

Yo no estuve allí, ya me hubiera gustado, pero conozco detalles de lo sucedido por un periódico local, al que Dinia hizo algunas declaraciones. La expulsión fue, para ella, *el primer genocidio de la historia.* También reivindicó el derecho a la nacionalidad española de quienes fueron expulsados por motivos religiosos; y, si eso no fuera posible, al menos que no se considerase extranjeros a sus descendientes y se les concediera el visado para entrar en España.

Los Dinia constituyen la comunidad morisca más numerosa de Rabat, y una de las que con más orgullo han mostrado sus raíces y más han peleado por mantener su identidad. Hasta el punto de tener que soportar ciertos roces con sus vecinos rabatíes, habida cuenta de que no se han mezclado con la población local, exactamente igual que han hecho en España los descendientes de moriscos ocultos, y en buena medida los descendientes de judíos bautizados a la fuerza; no se han mezclado, sino que han seguido casándose entre ellos, con marroquíes de apellidos españoles, generación tras generación; gracias a lo cual han mantenido la pureza de sus rasgos celtibéricos.

Si es que tales rasgos específicos existen, que sí, a pesar de que el 33 por ciento de los que vivimos en la piel de toro procedamos de esa amalgama andalusí que unió las sangres de árabes, sirios y bereberes. A pesar, o justamente por ello, en Albacete o en Rabat, y no digamos en Londres o en París, se nos reconoce en seguida.

Venus abandera, ya en el atardecer, su ejército de estrellas, a la espera de que puedan escoltar, como se merece, a la luna creciente. Un muchacho mulato pasa a mi lado, me sonríe en plan colega y abre su mano derecha para mostrarme un trozo de ese chocolate del que vosotros tendréis sin duda noticia. No necesito nada de eso; ya estoy bien colocado por este pueblo, cuya *baraka* procede de la que emana de la tumba-morabito de un venerado santón, el fundador de la ciudad, Mulay Alí ibn Rachid.

Luego pasa un anciano beréber a bordo de su fiel burro. Le dirijo una sonrisa respetuosa y me gratifica con un *salam aleikum* que me conmueve, pues mi aspecto es más bien septentrional. Le devuelvo la paz y la paz se me devuelve a manos llenas, pues bien escrito está que «lo que das a los demás te lo das a ti mismo».

El animal, curioso, se queda quieto un momento, mirándome. Y su dueño, que lleva en la diestra una varilla de fresno, le da un golpecillo de nada mientras pronuncia: ¡*Arri...!* Casi la misma expresión que utilizaban los campesinos españoles antes de que los tractores sustituyeran a los animales de carga.

Ni *pequeño, peludo* ni *suave*, el nada *juanramoniano* burro —de pelo oscuro y crespo, aunque de hermosa mirada— continúa su cansino recorrido. Tomo un sorbo de te, que ya ha dejado de estar caliente, cierro los ojos y vuelvo a navegar no por el Leteo adormecedor —pese al *fumeque* del parroquiano cercano a mi mesa— sino por el caudaloso río de la reciente memoria morisca.

De nuevo amarro mi barca imaginaria —la de Caronte espero que esté lejos todavía— en el emblemático 2009, cuarto centenario de la expulsión y escenario de un grandilocuente brindis al sol que, como los tales brindis, careció de consecuencias prácticas. O sea, que se quedó en agua de borrajas. Pero al menos hizo que la palabra «moriscos» se pronunciara en un lugar del Estado que los expulsó, la palestra del Congreso de los Diputados.

Al día siguiente, los periódicos anunciaban que «El Congreso aprueba reforzar vínculos con los descendientes de los moriscos», y recordaban, con estas u otras frases cacofónicas, «la terrible injusticia que acabó en la tragedia que supuso la expulsión de más de 300.000 moriscos en España». Los diputados con voto positivo —la proposición salió adelante con los del PSOE e IU, frente a la negativa de PP y CIU— propugnaron el establecimiento de vínculos con los descendientes.

Vínculos de humo, menos consistente que el de la pipa vecina, que el soplo del tiempo borró definitivamente. Ni siquiera hubo la unanimidad de años antes, cuando en 1992 se votó la propuesta del reconocimiento de otra injusticia, la de la expulsión de los judíos, ocurrida quinientos años atrás, en 1492. Con el consiguiente agravio comparativo.

Y más agravio si recordamos que descendientes de españoles en países latinos tienen reciente derecho a la nacionalidad española.

Pero al menos el Parlamento español reconoció aquel «error histórico que empobreció al país y desgarró pueblos enteros».

Reconocer un «error histórico» y no hacer nada por remediarlo deja las cosas como están; eso sí, con muy buenas palabras, como aquellas tan bonitas, inventadas por Zapatero, que hacían alusión a la «Alianza de Civilizaciones» como nuevo paradigma.

Aunque lo cierto es que tanto los moriscos que lograron quedarse, como los que lograron regresar después del decreto de expulsión, muchos de ellos desde estas mismas montañas rifeñas, tuvieron que recurrir al disimulo y al ocultamiento, y en ello siguen.

El silencioso fumador, tras difundir al aire los últimos sueños del hachís, desmonta su larga pipa de madera, se la guarda en un bolsillo de su chilaba y hace mutis. Pero viene en su lugar uno de aquellos gatos andalusíes, tan pardo como blanco como negro, que posa sus ojos oceánicos en el visitante —ojos donde fosforece el ocaso— y a continuación, de un salto, echa a correr por una calle.

El recién llegado a esta ciudad santa interpreta el hecho como una interesante invitación, paga el te, se levanta de su silla y lo sigue por esa misma calle hasta que el felino se escabulle por otra..., y no hay forma de interpretar el tercio felino, ni de conversar con él en el lenguaje de los ojos, ni de hallar, como si de camaleónico musulmán español oculto se tratase, su misteriosa guarida…, donde tal vez pudiera ocurrir vete a saber a saber qué providencial encuentro casual…

Pero nada de eso. Llega al fin la noche cerrada a un Xauen donde ya no se ve bicho viviente, ni cuadrúpedo, ni bípedo ni felino; donde las huríes prometidas por Hassán Sabás a su *asesinos* —fumadores o comedores de hachís— no aparecen por ninguna parte: para que acudan, como para acceder al paraíso cristiano, es preciso desmentir al Viejo de la Montaña y morirse previamente, con lo a gusto que se está en casa.

Carente de hurí, con la soledad del morisco expulsado, busco refugio en el hotel que me acoge y espero que el silencio profundo de este pueblo apacigüe mi alma, no deseosa de morir sino de amanecer a un nuevo día.

XIII. Casas sin llave

EL TIEMPO DETENIDO — UN CATAFALCO DE HOJALATA — EL AUTOR ROBA UNA JARRA — LAS HUELLAS DEL CRIMEN — DE LA PAZ AL LLANTO

Entre sus ruinas y abandono nada se mueve;
¿A quién preguntaré por mis seres queridos?
Sólo la cruel ausencia sabe
Si están en la sierra o en la llanura.
El Tiempo Tirano los dispersó por doquier
Y murieron en tropel.

IBN SUHAYD

Hay llaves de casas olvidadas y casas sin memoria que se abrieron con esas llaves hace cuatro siglos. Tal vez un día, alguna de esas casas la recupere en contacto con alguna de esas llaves.

He tenido la suerte de ver y entrar en varios de estos edificios despreciados, medio abandonados o abandonados del todo, pero que siguen en pie soportando con estoicismo, y puede que con esperanza, el paso del tiempo. Como si las viejas piedras estuvieran poseídas por el espíritu de sus constructores.

Lo más probable es que ninguna de esas casas pueda abrirse con sus antiguas llaves. Pero la coincidencia de unas con otras, si felizmente llegara a producirse, haría justicia poética a quienes exilió una intolerancia miserable.

Ojalá que herederos de aquellas llaves tengan, un día de los días, ocasión de entrar en las que fueron viviendas de sus antepasados. Las mismas que, pese a los mil avatares que sucedieron, siguen sosteniendo las estrellas, con sus muros envejecidos, en la limpidez de estos cielos andalusíes.

Mientras tanto, la primavera avanza con felicidad, como lo hace mi *Rocinante* montes arriba. Dejo atrás Cómpeta, cargado con un garrafón de ese vino dulce local que, pese a la prohibición coránica, cultivaban los islamitas para suavizar la vida, y me adentro en el corazón de la Axarquía, por la llamada Ruta de los Alminares: Archez, Canillas de Aceituno, Columbela, Salares...

Lo alejado de estos lugares ha permitido que se conserven, junto a racimos de casas moriscas, estas torres maravillosas, a condición de que en lo alto de ellas no proclame el muecín la gloria de Alá, sin que en su lugar repiqueteen las campanas de Cristo. Que tanto da una cosa como la otra, pues todas las religiones, como todas las cosas, están sentenciadas a muerte.

Lo importante, lo emocionante, es que estos minaretes sigan intactos para recordarnos la exquisita cultura de quienes los levantaron, pese a los muchos otros que se destruyeron para que la olvidáramos.

Persisten, protegidos por la magia de estas montañas, como gigantescas agujas de un reloj invisible, fijas en el cenit, cuya única función fuera detener el paso del tiempo. Siglo tras siglo, inconmovibles, se dejan acariciar por el curso de soles, se embadurnan con el embrujo de lunas, y los arabescos de sus paredes permanecen incólumes, del mismo modo que no se mancilla ni envejece la delicada armonía con que fueron concebidos.

Bello como pocos es el alminar de Archez, pero no le va en zaga el soberbio de Salares, al que el cálido día de mi visita ilumina como se merece. Salares es un pueblo al que acudo, encantado, por segunda vez: aquí se entreabren las puertas del tiempo para el que busca y se abren de par en para el que sueña.

En esta segunda oportunidad es casi mediodía, hace calor y no se ve a nadie por sus enrevesadas calles. Aparco el coche junto a un viejo modelo de Volkswagen rojo, matrícula francesa, cubierto por el polvo de muchos años, con las ruedas definitivamente pinchadas, que ha venido a morir aquí como si su dueño

Detalle del alminar de Archez

hubiera decidido escapar de su mundo, en este delicioso fin del mundo, dejando atrás una pesadilla.

Debido a que hay sitio de sobra y tranquilidad más que de sobra, nadie se ha molestado en turbar el reposo de este catafalco de hojalata, paradigma del ruidoso universo contaminado que nos martiriza abajo, mucho más abajo.

Ante semejante ruina me vienen a la memoria unos versos de Rilke:

Antaño resonaba la voz de los poetas
En los campos de batalla
¿Pero qué es una voz
frente al zumbar reciente de la acción del metal
en la que nuestro tiempo se debate
contra el futuro que lo está asaltando?

Observo, elevados junto al paseo que da entrada al pueblo, los basamentos impresionantes de varias casas moriscas: no son otra cosa que enormes piedras sin desbastar, acarreadas hasta aquí tal y como debieron de hallarse en los montes, y cimentadas con una argamasa lo bastante dura como para aguantar el paso de siglos.

Son piedras enormes y voluptuosas, redondas, femeninas, sobre las que se levantan otras más pequeñas en paredes apenas horadadas por pequeñas ventanas. Se conservan perfectamente, al menos por fuera, pero nadie parece vivir en ellas. Una está en venta, según muestra un cartel. La eterna cal de las paredes andaluzas las recubre para reflejar la luz del sol, la claridad que Alá concede, en este Sur resplandeciente, para que todo bicho viviente se sienta vivo de verdad.

Está visto que lo mío es internarme en los secretos de Al Ándalus subiendo cuestas. Y alguna vez, como pronto veremos, abriendo puertas de casas que no me pertenecen.

Las de la antigua mezquita no existen; se accede a lo que queda de ella por un pequeño arco tras el cual podemos pisar lo que fuera su suelo, y a la derecha uno de sus muros. A la izquierda se encuentra el muro derecho de la posteriormente edificada iglesia parroquial. Entre uno y otro no hay más de siete

Casa morisca de Salares

metros, calculando a ojo, y a lo largo puede que haya treinta o poco más: es cuanto queda, al aire libre, de la que posiblemente fuera una de las mezquitas más hermosas de estas montañas, a juzgar por el espléndido minarete que adosado al templo cristiano ha podido conservarse.

La descripción de este alminar, ahora campanario, me parece inútil. Hay que verlo directamente. Porque la emoción que producen, éste y los pocos otros de la zona, no puede transmitirse por Internet ni sospecharse en tarjetas postales.

Me quedo un buen rato admirando esta grata armonía de ladrillos y azulejos, amurallada entre dos religiones que continúan enseñándose los dientes. Nadie sabe el nombre del alarife que la levantó en el siglo XIII, cuando el esplendor andalusí comenzaba a declinar, pero me inclino ante la sabiduría de este artista anónimo.

Mi imaginación se desborda. Entre otras cosas imagino que el autor de esta maravilla debió de añorar el mar, porque el dibujo de sus paredes recuerda a tres cadenas verticales de conchas entrelazadas; o puede que eso sea mera fantasía, pues lo abstracto de su concepción se presta a múltiples vuelos interiores, como esos *mandalas* budistas diseñados para que el contemplador se sumerja en ámbitos inexplorados de su mismidad: otra forma, pero esta nada aburrida, de alcanzar paz.

Regreso, sudoroso pero sereno, para reencontrarme con *Rocinante*. Sin embargo, antes de que eso suceda, la ventana entreabierta de una casa morisca abandonada despierta vivamente mi curiosidad. Permite que quien a ella se asome pueda ver una polvorienta habitación pintada de azul, en la que reposan muebles viejos, presidida por un pequeña chimenea sobre la cual descansan restos de cacharros, entre ellos una jarra desportillada, cuyos dibujos abstractos muestran el grafismo propio de la alfarería andalusí y de su continuación andaluza. No sé si pertenece a esta o aquella, pero sus bandas amarillas, negras y verdes la hacen muy atractiva.

Sigo caminando y a poco más de dos metros me encuentro con las puertas de la casa, de una de las cuales cuelga un llamador de hierro sin duda morisco; y también un candado, pero que no se une a la otra puerta sino que, cerrado, muestra su inutilidad, debida probablemente a que su dueño hubiera perdido la llave. Para dar cierta consistencia a la privacidad del inmueble, no se le ocurrió comprar un candado nuevo, ni mejor cosa que entrelazar lo que el viejo no pudo con unos alambritos de nada: dime cómo guardas tu casa y te diré cómo la valoras.

La tentación es demasiado fuerte y sucumbo a ella. Suelto la mínima atadura y penetro, con algo de miedo por si me encuentran allanando morada, en un ámbito extraño que pertenece a otra época y en el que, a juzgar por el polvo donde se marcan las huellas de mis zapatillas, hace mucho tiempo que no ha entrado nadie. Voy a cometer un hurto, del que dejo aquí pública constancia, aunque de él no me arrepienta. En vez de investigar la estructura de la casa, donde aparecen sugerentes y mínimos corredores, abiertos a otras estancias misteriosas, prefiero coger lo que queda de la aludida jarra, salir con prisa y volver a colocar los alambritos más o menos como estaban.

(Si el dueño de la casa lee estas líneas, y está dispuesto a perdonarme, prometo devolverle la jarra, que ahora preside mi lugar de trabajo para que pueda contemplarla mientras escribo sobre quienes la idearon. Eso sí, se la devolveré mejor que estaba. Porque no veas cómo reluce, una vez que el lavaplatos le ha quitado el polvo de vete a saber cuántas décadas).

Me apresuro a guardar en el coche ese trofeo, tan inicuamente conseguido, y decido seguir caminando por el pueblo. Un mínimo chucho, que sin duda ha olido mi mala conciencia, comienza a ladrar a mis espaldas. No le hago caso. Pero el muy ladino se lanza a mis pantorrillas, no para morderlas sino para presionarlas delicadamente con sus patas delanteras, como si quisiera decirme *entérate de que te estoy ladrando, como es mi obligación, y no te hagas el remolón, forastero.*

Hay que ver cómo son los perros pequeñitos de por aquí. Napoleón tampoco medía mucho. El chucho, persistente, y pese al nulo resultado de su estrategia, me sigue ladrando, por más que le hiera mi indiferencia. Pero sus ladridos despiertan a otro chucho, también enano, y entre los dos me dedican un emocionado concierto que, sin embargo, no logra sacar a nadie de la modorra general.

Al huir de los laboriosos, pero ineficaces cancerberos, descubro un triste laberinto donde ya no llegan sus ladridos: la parte del pueblo donde tampoco llegan los turistas. Triste, porque la forman un gran puñado de casas moriscas arruinadas; a través de lo poco que queda de sus puertas, donde las hay, se ve la maleza, el abandono y las huellas del crimen como en ninguna otra parte, porque este pueblo es tan remoto que hasta hace poco moría en él una única carretera, y nadie se ocupó, ni se ocupa, ni hace falta, de maquillar su terrible pasado.

Mientras camino junto a estas casas abro el garrafón de vino de Cómpeta y bebo muy despacio para que el tiempo pase muy deprisa, pues una extraña fuerza me mantiene en este barrio arruinado, como si sus antiguos habitantes quisieran susurrarme sus abortadas ilusiones. Parecen flotar sobre la general desolación gritos de niños, canciones de muchachas, gemidos de amor, palabras sagradas dirigidas al Único, a esa figuración interminable en que parecen cifrarse las precarias esperanzas de un pueblo condenado al exterminio… El tiempo pasa y pasa, sembrándome la sangre de amargura.

En algunos muros, pese a la cal nueva, todavía puede verse el azul original con que fueron pintadas antaño, de manera que parecen enhiestos esqueletos mostrando piltrafas. Casas que ya no podrán ser abiertas por llave alguna y a las que todo el que quisiera podría entrar, pese a que, en algunos restos de puertas y de muros, sus dueños han puesto la inútil inscripción de «no pasar». Tras esas puertas sólo habitan espectros incapaces de ladrar ni de defenderlas.

También penan por lugares ya deshabitados, como los cercanos Carraspite y Batarxix, o Rihana, la de los arrayanes, la aromática, donde del pueblo morisco de tal nombre no queda, sobre el montículo en que se levantó, sino una gran extensión de tierra rojiza, salpicada de trozos de ladrillo e incuso huesos humanos dispersos que dan idea de las dimensiones de la catástrofe. Nadie sabe a qué se debió su demolición completa, aunque es muy posible que fuera por haber opuesto una resistencia numantina a los Reyes Católicos…

Y ya no pudo Abú Yafar dedicarle versos así:

Cantaba la tórtola entre el boscaje y se curvaban los ramos de arrayán sobre el arroyo.

¡Verías al jardín alborozado, porque fue testigo de abrazos, retozos y besos!

...Igualmente macilentos, y no menos rabiosos, son los fantasmas que merodean por algún lugar cercano a Alpendeire, de cuyo nombre no logro acordarme: las pocas paredes que resisten de una mezquita se encuentran ahora en un recinto donde vivaquea una piara de cerdos. No cabe mayor insulto a una creencia que, al igual que la judía, considera inmundo a este animal. *Vae victis!*

Estas ruinas de Salares —altivas, pues proclaman señales de injusticia— me recuerdan el aspecto de Tokio cuando fue bombardeado con *napalm,* la primera vez que se usó contra la población civil, por los B-29 norteamericanos, según puede verse en algún documental; bombardeo que, mucha gente no lo sabe, generó bastante más muertes y no menos destrucción que el posterior de Hiroshima y Nagasaki.

Pero aquí, el poder destructivo no lo generó un arma química o atómica sino algo igualmente terrible y no menos asesino, la intransigencia religiosa que tantas víctimas, esgrimida por tantas manos diferentes, ha causado y sigue causando desde hace siglos.

También me vienen a la memoria las palabras de Dinia, aquella heredera de moriscos que hemos citado anteriormente, cuando dijo en Denia que la expulsión de sus antepasados fue *el primer genocidio de la historia.* Aquí permanecen, intactas, algunas huellas de esa barbarie, cuatrocientos años después.

Pero, presidiendo esa desolación, sigue en pie la maravilla de su alminar, que tan bravamente ha sobrevivido al tiempo y a la infamia.

Los fundamentalistas de todas las etiquetas tienen oxidadas sus neuronas del mismo modo. Si alguien lograra lubricarlas con sentido común, dejarían de ser peligrosos. Pero, mientras tanto, su demencia no les impide comprender que únicamente la belleza ajena sobrevive al fascismo de sus dioses.

Por eso amaron en el pasado, tanto los cristianos torcidos como los musulmanes extraviados, la destrucción de las obras de sus enemigos. Unos y otros se envenenaron con la misma pasión enferma de la que alardean los contemporáneos talibanes, armados de explosivos y taladradoras: prefieren la dudosa verdad de su grupo a la paz de todos junto a todos.

Pensar en ello me pone el ánimo por los suelos.

Pero me alegro profundamente al constatar que la labor destructiva de esos energúmenos no siempre se completa, por lo que la belleza del Antiguo Egipto, de Babilonia, de Roma o de Al Ándalus sigue brillando sobre la impiedad de sus mentes oscuras.

¿Cuánto tiempo ha pasado, cuánto vino andalusí ha encendido mis venas para contrarrestar tanta amargura? Empieza a caer la tarde. Animados por la disminución del calor, algunos pajarillos se atreven a cantar desde la fronda que un poco más abajo envuelve a un riachuelo. La paz que se respira en este pueblo es tan abundante como sin duda lo fue el llanto de quienes se vieron forzados a abandonarlo.

El poeta granadino del siglo XIII Sail ibn Malik, que visitó Salares, dejó escrito: *Quisiera vivir en este pueblo sereno, junto a unos montes floridos que sus ricas viñas sustentan.* Así lo recuerda un azulejo levantado a la salida de un lugar hoy tan triste.

Daría Alá una prueba irrefutable de su existencia si los descendientes de aquellos desahuciados secaran sus ojos, cargaran con las maletas que sus abuelos se vieron obligados a deshacer en tierra extraña, regresaran a reconstruir las casas que les pertenecen y pudieran vivirlas en la paz que impera en este incipiente atardecer de mayo. Pronto coronará de rojo la cima de las montañas.

Que esa paz sea contigo y con los tuyos, ya que tus ojos no se han adormecido en llegando a este punto.

Salam aleikum.

XIV. Contradicciones de Sayalonga

SECRETOS DE LA FUENTE DEL CID — EL PUEBLO QUE SONRÍE — LOS FANTASMAS DEL MUSEO — AGUA BENDITA Y AGUA CALIENTE — LAS CADENAS DE BOABDIL — UNA *OUI-JA* ENTRE LOS MUERTOS — ENCANTAMIENTOS DEL SABIO FRESTÓN

¿Quién puede disputar contigo en palabras y en obras?
Inesperadamente haces favores
Sin que te pidan nada.
Y ¿cómo no mostrar mi gratitud
Por las perlas que has puesto alrededor de mi cuello…?
MARYAN BINT ABI YAQUB AL-FAYSULI AL-ANSARÍ

Sumergido en las reflexiones con las que cerré el capítulo anterior, de vuelta a la orilla del mar, la misteriosa sucesión de las cosas me asalta con algo inesperado: detengo a *Rocinante* en un recodo de la carretera donde puede contemplarse un pueblo llamado Sayalonga, y un cartel que anuncia en tal lugar la existencia de un «Museo del Morisco».

De modo que días después me adentro en este pueblo, cuyo nombre supuse que aludía a la prenda mora que llamamos chilaba, y no tardo en comprobar que es de los más enigmáticos de la Axarquía, pues allí asoman historias y circunstancias de pura magia, esperando que alguien tire del hilo y nos revele sus misterios.

Por ejemplo, cuando Al Ándalus comenzaba a desmoronarse, el hijo del rey taifa de Almería Abén Celín, por buen nombre llamado Príncipe Abrahem Cid Yahía, se acercó a este lugar por motivos ignotos, dejó que su caballo abrevase, y él mismo sació su sed en una fuente que se encuentra a la entrada del pueblo.

Pues resulta que el surtidor se llama desde entonces Fuente del Cid; no porque, según algunos, el Campeador se dejara caer por estos remotos lugares, aunque quién sabe, sino porque como sí se sabe, cid —o *sidi*, que así suelen decir los marroquíes cuando se dirigen a un desconocido— significa «señor», y el tal príncipe, o bien don Rodrigo Díaz de Vivar, debió de ser un gran señor para que, por el simple beber de ese agua, Sayalonga lo recordara hasta hoy dándole su nombre a esa fuente.

No «debió de ser», sino que, efectivamente lo era: un señor musulmán que patrulló por estos montes y que, hostigado por la cruz, trató de defender la poca media luna que quedaba en el agonizante reino nazarí de Granada.

También debió de ser por estos lugares la última esperanza frente a los invasores. Aunque luego traicionó a los suyos, se alió con los Reyes Católicos, luchó directa o solapadamente contra Boabdil, se dejó bautizar con el nombre de Pedro de Granada y vivió de fábula en aquella ciudad conquistada por sus antiguos enemigos, rodeado de plácemes y gollerías.

Pero fuera lo que fuera, se le recuerda en Sayalonga, y el hecho de que se le recuerde, en un pueblo donde oficialmente se expulsó a los moriscos, no es asunto baladí.

No lo es porque cabe preguntarse por la relación afectiva que hubiera entre aquel príncipe sarraceno y este pueblo musulmán que no quería dejar de serlo; algunas de cuyas casas moriscas se resisten valerosamente al desmoronamiento; como aquellos soldados japoneses que, perdidos en las selvas del Pacífico, se negaron a rendirse durante muchos años.

Alguna vez sabremos el motivo de esa devoción, casi religiosa, por el príncipe Yahía, o tal vez nunca, si es que a él fue dedicada, que tampoco se sabe con certeza. Sospecho que la desesperación de los pueblos idealiza a quienes imaginan que pueden salvarlos, y tanto más los elevan cuanto menos probable parece la salvación y más cercano el desastre.

Pero si, como se afirma en viejos cronicones, los moriscos fueron expulsados de aquí y sustituidos por cristianos viejos de la conquistada Antequera, ¿por qué se conservó el bello nombre musulmán de aquella modesta, pero no agotada fuente, de la que siguen manando encantos y encantamientos?

Tanto, que quien la bebe está perdido. Muchos de los que se inclinan a su caño sacian la sed del cuerpo pero despiertan otra en el alma, de manera que se ven compulsados a regresar a este manadero cargados de grandes bidones de plástico. Algo intuiremos del por qué en las líneas que siguen.

También algo de todo ello está escrito junto a la fuente, pero no es bueno fiarse por completo de lo que está escrito. Más recomendable es caminar con los ojos bien abiertos.

Y lo primero que compruebo, mientras intento vencer la cuesta que me llevaría al centro del pueblo, es la presencia de dos personas con aspecto marroquí, cada una por su lado: una anciana tocada con una especie de bonete gris, de tela, que le cubre todo el pelo, y un individuo de mirar esquivo que no hubiera llamado la atención en Tánger o en Rabat.

Musulmanes, sin duda, pero no nacidos en España, sino venidos a ella, probablemente para recuperar el paisaje de sus abuelos. Los he visto en Comares, y en otros pueblos malagueños del interior, paseando por su calles con la naturalidad de emigrantes recuperados, charlando de tú a tú con vecinos que apenas se distinguen de ellos en su forma de vestir, estando lo moderadamente exultantes que se puede estar por estos lugares emocionantes, como el que sostiene mis pasos, donde cabe todo el mundo y todo el mundo es bienvenido.

Porque Sayalonga no sólo es misterioso y contradictorio, es encantador. Dulce como su vino, nada envidioso del de Cómpeta; como los dulces nísperos que le han dado fama, grandes como manzanas; dulce pese a la aspereza de sus cuestas, a la tragedia que oculta la cal de sus casas antiguas, donde el dolor de la pérdida sigue perfumándolas, cuatro siglos después, como el sándalo perfuma al hacha que lo corta.

Tan corto es el tránsito por este mundo como largas las cuestas de Sayalonga. Especialmente para quienes hemos nacido en las llanuras manchegas.

La fatiga de remontarlas se compensa cuando los ojos del viajero se cruzan con los de bellas que sostienen su mirada sin pestañear, le sonríen y le desean los buenos días con una franqueza y una simplicidad que ya no se encuentran en ninguna parte: como si lo conocieran de toda la vida. Santo cielo. ¿Cómo es posible que en lugar tan amurallado de montañas, tan ensimismado, la gente tenga tan abierto el ánimo al primero que llegue?

Hace mucho calor cuestas arriba. Menos mal que sacié mi sed en la fuente del Cid posiblemente sarraceno, de la que se afirma que es caliente en invierno y fría en verano, además de poseer propiedades afrodisíacas. Lo creo, a juzgar por la feliz esgrima de miradas que ha acompañado mi ascensión.

Algo muy benéfico debe de producir aquella fuente cuando el aceite procedente de sus cercanos olivos se utiliza para iluminar la iglesia local en alguna conmemoración religiosa. ¿Ocurriría lo mismo cuando no había iglesia, sino mezquita necesitada de alimentar sus lámparas?

En alguna parte de mi remontada, un cartelillo dice que para entrar al Museo Morisco hay que pedir su llave en el Ayuntamiento: van de llaves las cosas y las casas.

Allí acudo y allí me obsequian con algo tan agradable como darme la llave sin pedirme a cambio prenda o documentación alguna. ¿Te imaginas que con los tiempos que corren tales cosas sucedan?¿Te imaginas lo contento que uno se pone cuando tales cosas ocurren?

Me encamino al Museo tras pasar por una joya urbanística andalusí, el Callejón de la Alcuza, que debe su nombre moruno a que, como el utensilio que evoca, es ancho en su entrada y tan estrecho en su salida que sólo puede pasar un hombre, pues en esa parte, de pared a pared, apenas mide 56 centímetros; cosa que lo convierte en el más estrecho —y sin duda en el más bello— de toda la Axarquía.

Mientras tomo fotos de tan curiosa vía, una amable anciana me informa de que las parejas que van a casarse a la antes mezquita y ahora iglesia de Santa Catalina —no sé si también

Casa morisca en Salayonga

Matamoros, como la de Alcaraz—, pasan por aquí, según una vieja tradición; tal vez de origen musulmán.

Lo digo, porque junto a la iglesia, antes mezquita, existe un pequeño morabito, ahora ermita de San Cayetano, y los morabitos, como veremos en el capítulo siguiente, eran lugares a los que ascendían los musulmanes para pedir favores a Alá por intermediación del santón que, vivo o muerto, lo ocupaba.

Sospeché que dentro de la ermita, antes morabito, habría una imagen de san Antón, y así era: pude ver, a través de la reja de la puerta, que a los pies del santo reposaba un cerdo verde oscuro con una línea roja por boca, lo que significaba que el animal impuro para los muslimes era santificado por los cristianos... Es curiosa la profusión de figuras de ese santo, con sus correspondientes cerdos, por estos montes islámicos. Y tampoco deja de ser llamativa la profusión de varones bautizados con el nombre de Antonio. No en vano fueron los católicos de la Contrarreforma quienes inventaron la propaganda.

Pero me aguarda otra sorpresa antes de entrar en el Museo, y es descubrir, en la Calle Nueva, una hermosa casa morisca, como parece delatar su aspecto antiguo y la forma arcaica en que se construyeron sus chimeneas.

En la fachada de esta casa hay un anuncio contradictorio. Informa de la disposición de su dueño a venderla, si bien el número de teléfono ha sido borrado por la lluvia de quién sabe cuántos años... Lo que indica que la casa lleva mucho tiempo en el mercado, pero nadie se ha interesado en ella, ni su propietario muestra demasiado interés en realizar la venta.

Utilizar una cámara fotográfica en este pueblo es motivo más que suficiente para que la gente se te acerque y cuente cosas. Mientras tomo fotos de esa casa me viene, a bordo de un tractorcillo o algo parecido, un campesino de aspecto bonachón, como de cincuenta años, que se muestra interesado por el interés que muestro hacia aquella construcción. Sin yo decirle nada, en medio del runrún de su maquinita, me confirma que es morisca.

Le pregunto si hay muchas otras de igual origen en el pueblo y me responde que sí, y que precisamente él vende una que heredó de sus antepasados. ¿Moriscos? No, me aclara, pues los de Sayalonga vienen todos de Antequera y son de origen cristiano. ¿Todos?

La pregunta queda en el aire, enredada en la sonrisa de mi improvisado interlocutor, que aquí todo el mundo sonríe, pero no siempre responde. Luego me da su nombre y el número de su móvil. Se llama Felipe, y con él quedo en llamarlo un día para ver su casa, pese a que ha adivinado que mi interés no es comprar casa morisca alguna, sino saber más sobre ellas y sobre ellos: estos sayalongueses tan agradables, confiados y de interesantes y no demasiado conocidos orígenes.

Puede que no sea adecuado el que esos orígenes se aclaren mucho. Lo digo porque en cuanto pronuncié la palabra «moriscos» una vecina, que tal vez quiso sumarse a la conversación, se dio la vuelta y se fue a sus cosas con paso ligero. O es paranoia, o mucho me temo que se trate de un tema tabú.

¡Cómo se me escapan cada vez que intento atraparlos!

Pero ahí están, si no físicamente, en efigie y contando mil detalles de su paso por estas tierras. Me refiero a los fantasmas del Museo Morisco, a cuya puerta finalmente llego.

La del Museo es una perfecta recreación de puerta musulmana, con sólidos herrajes y oscura madera labrada con dibujos abstractos, realizada por un artesano de otro pueblo cercano que continúa la tradición islámica.

La abro y entro en una atmósfera de cuatro siglos atrás. Hay abundante información, en los paneles que cuelgan de sus paredes, sobre múltiples pormenores referentes al encarnizado periodo de la expulsión y previas guerras que sucedieron en la zona, así como sobre las costumbres de los moriscos, tanto gastronómicas como religiosas y funerarias.

Así, podemos saber cómo lavaban concienzudamente los cadáveres, para purificarlos, antes de entregarlos a la tierra, cómo consideraban afrodisíaca la carne de caza, el modo con que servían el cordero con espinacas crudas, la costumbre de desollar muy bien la carne de res, por musulmán experto, antes de servirse de ella, y un interesante etcétera que hace muy recomendable la visita a este lugar.

También puede verse un curioso conjunto de tres maniquíes vestidos a la usanza morisca, padre, madre e hijo, tan bien logrados que parecen a punto de estrechar la mano del visitante que, en mi caso, se siente un poco abrumado por la generosidad con que le han dado la llave y por la completa soledad de su visita.

Aunque su población se hubiera visto renovada por los colonos de Antequera, Sayalonga no olvida de ningún modo sus orígenes. Es más, el Museo entra en detalles muy concretos sobre las circunstancias que rodearon aquí la expulsión morisca, según podemos leer en los citados paneles.

De allí recogemos las resoluciones de una Real Cédula, dictada el 20 de junio de 1511: los moriscos debían usar las mismas ropas que los cristianos, de modo que se multaba a los sastres con dos mil maravedíes si osaban confeccionar ropas islámicas. Esa, y algunas otras medidas que ya conocemos, hacen que el malestar vaya creciendo de día en día entre la población local. Acabará estallando de forma muy violenta.

Junto al expolio y el menosprecio de que eran objeto, los moriscos repudiaban hasta la náusea, como es comprensible, la conversión forzosa. De manera que, leemos, tras el bautizo a que eran sometidos los niños, contra la voluntad de sus padres, estos los lavaban en la intimidad con agua caliente para que pudiera desprenderse de su piel el agua sagrada y el óleo santo...

La soga que los cristianos les habían puesto al cuello se iba apretando, cada vez más, hasta que la situación fue insostenible. La rebelión estalla en Bentomiz, en 1568, e inmediatamente Sayalonga se une a los rebeldes, capitaneada por un tal Gazalo. En Canillas del Aceituno los insurgentes se pusieron al mando de un monfí, natural de Sedella, Andrés *el Chorairán*, que frente a un grupo de rebeldes ataca la venta de Pedro *el Mellao* el 23 de abril de 1569 y toma posesión de ella en nombre de Alá; pero por poco tiempo, pues los cristianos contraatacan y matan al cabecilla, junto a otras ocho personas.

Detalles concretos, fechas concretas que no pueden hallarse en ninguna otra parte. En 1572 los monfíes queman en Sayalonga los techos y el artesonado de la iglesia de Santa Catalina, antes mezquita, que ya conocemos, y ese mismo año la rebelión es aplastada definitivamente; las casas han quedado medio quemadas, expoliadas y entregadas al abandono.

Vuelvo al Ayuntamiento para devolver la llave y allí me entero de interesantes singularidades sobre el escudo de la localidad. En su primera modificación, ideada por don Mateo Gallego Sánchez en 1985, figuraba junto a la «saya longa», o puede que chilaba, que da nombre al pueblo, la figura de Boabdil encadenado, circundada con una expresión latina, *Omnia per ipso facta sunt*, cuya traducción viene a ser, más o menos, la siguiente:

«Todo se hizo para lograr esto».

O sea, por un lado se aludía el origen musulmán del pueblo, con la figura de una saya longa que tenía todo el aspecto de chilaba, y por el otro se intentaba justificar su conquista cristiana mostrando al último rey moro de Granada como un facineroso digno de ser encadenado..., para lograr cuyo encadenamiento hubo de recurrirse a una guerra...

Dado que los tiempos que corren, afortunadamente, no son nada propicios para este tipo de mensajes, se decidió suprimir a Boabdil de tal heráldica —arguyendo que esa imagen era contraria al espíritu de la Constitución del 78— y sustituirla en 2008 por un bucólico paisaje de montañas sobrevoladas por una paloma blanca, en alusión a la cercana localidad de Corumbela.

Boabdil apareciendo de tal guisa, todavía hoy puede ofender a mucha gente en Sayalonga y alrededores. Sin embargo, no sé por qué, sigue figurando en el escudo antiguo que se muestra en unos azulejos sobre la puerta del Ayuntamiento. Una contradicción más. El rey moro aparece allí con una cadena al cuello, una ridícula coronita de cuatro puntas sobre su cabeza y esgrimiendo en su mano derecha un bastón en cuyo extremo figura la media luna musulmana.

El motivo del rechazo de esta imagen es bien simple: quedan muchos descendientes de moriscos por estos montes que no han perdido la memoria de sus raíces. Me lo confirma, el promotor del Museo Morisco, Manuel Fernández Mora, hijo predilecto de Sayalonga, además de escritor autodidacto y excelente poeta, cuyo Ayuntamiento ha colocado una placa en la casa donde nació hace más de ochenta años. Ya no vive allí, sino en Algeciras, pero he podido hablar con él por teléfono.

—No todos fueron expulsados. Quedaron algunos moriscos, mayores de setenta años, para enseñar técnicas agrícolas a los cristianos recién llegados, y algunas viudas que tuvieron la oportunidad de volver a casarse, ya que eran muchos los solteros que llegaron desde Antequera.

—¿Pero no son más que suficientes cuatrocientos años para que sus huellas se borrasen?

—De ningún modo, en Sayalonga hay buena memoria de lo que ocurrió, hasta se conocen algunos nombres de los que recibieron las casas moriscas abandonadas; y muchas costumbres moriscas no llegaron a perderse. Recuerdo que en mi infancia todas las mujeres iban cubiertas con pañuelos negros, «en señal de luto», decían, aunque desde luego no todas eran viudas...

(Apostillo, como colofón de este recuerdo infantil de mi interlocutor, dos párrafos debidos al historiador Antonio de León Pinelo: *El taparse es embozarse..., de medio ojo, doblando, torciendo y prendiendo el manto de suerte que, cubriendo uno de los ojos, que siempre es el izquierdo, quede lo restante del rostro aún más oculto y disfrazado que si fuera cubierto todo...*

Como las moriscas siempre andaban tapadas con sus almalafas o sábanas blancas..., en vistiéndose a lo español, convirtiéndolas en sus mantos negros, dieron en taparse con ellos del modo que solían con las sábanas).

Fue una lástima que la avanzada edad de Fernández Mora no me permitiera prolongar la conversación. Es un hombre de este pueblo que apenas pudo ir a la escuela pero que ya adulto, con su esfuerzo personal, logró obtener el título de maestro. El Museo Morisco, que a él se debe, expone alguno de sus poemas. Elijo el siguiente:

Sólo en el corazón encontraremos
Lo que es del corazón: infierno o cielo.

Hay mucho cielo en el corazón de Sayalonga, pero todavía están calientes, también, las cenizas de los incendios infernales que lo devastaron.

Otra conversación telefónica me lo corrobora. La mantengo con el profesor Valentín Fernández Camacho, quien colaboró con Fernández Mora en el proyecto del Museo Morisco, y que está haciendo una tesis sobre los episodios locales de una guerra que, aunque antigua, aquí nunca se ha olvidado.

—El fuego— me explica— castigó a la mezquita, a la iglesia, que también la hubo desde 1501, al setenta por ciento de las viviendas y a los grandes molinos de los alrededores. Generalmente, afectó a la parte más alta de las construcciones, sobre todo a los techos, mientras los cimientos y las partes bajas quedaron en general incólumes. Por eso pudieron ser reacondicionadas, poco a poco, por los colonos cristianos venidos de Antequera.

—¿Qué ocurrió entonces con los moriscos?

—Hubiera sido imposible expulsarlos a todos. Algunos se escondieron en cortijos cercanos, de difícil acceso en aquella época. Otros se quedaron en calidad de esclavos, a los que se encomendaban las tareas agrícolas más duras. Las mujeres, embarazadas o con niños pequeños, fueron igualmente esclavizadas y utilizadas como barraganas y para tareas domésticas, cuando no se convirtieron en esposas de los vencedores. Me refiero a los moriscos y moriscas pobres; los que lograron conservar algo de dinero evitaron el exilio bajo la protección, interesada, de algunos notables cristianos... En suma, como ocurre en todo país ocupado, la sociedad quedó sometida, pero básicamente no cambió. Se conservaron, más o menos cristianizadas, viejas costumbres folclóricas y gastronómicas, y poco a poco la diferencia entre vencedores y vencidos se fue diluyendo.

—Supongo que no del todo...

—Efectivamente. Pero los descendientes de moriscos tuvieron sus orígenes como una circunstancia vergonzosa que había que ocultar. No es posible saber si todavía la siguen ocultando.

Mi abuela Josefa, a quien le debo mi nombre y muchas más cosas, me infundió una sana fe en el refranero, de forma que, como la de todo manchego cabal, ha sido mi filosofía de vida. Hay que decir, sin embargo, que el refranero español está lleno de verdades inmensas, como la inmortalidad del alba —la del alma es otra cosa—, pero también de mentiras, plúmbeas como balas de cañón.

Por ejemplo, eso de que segundas partes nunca fueron buenas. Será verdad casi siempre, pero cuando no lo es, esa fe mía en los dogmas refranescos se derrumba con notable estrépito.

No fue verdad en la segunda parte del Quijote, como todo el mundo sabe, mucho mejor que la primera, y no lo fue, ni mucho menos, en mi segundo viaje a Sayalonga, pueblo entre cuyo ectoplasma y el mío se estableció una magnífica relación; de tanta maravilla, y tan acendrada, que dio lugar a hermosas situaciones cargadas de encanto, o tal vez encantamiento, como pronto *veredes vuesas mercedes.*

A finales de mayo, bajo un sol poderoso y un cielo inmaculado, corre un vientecillo que alegra la vida de este pueblo, a quien Alá o quien fuera bendijo con mucha alegría. Mi *Rocinante* no ha leído esa segunda parte quijotesca, qué le vamos a hacer, ya me gustaría para tener un tema de conversación mientras viajamos. Pero, aunque a veces se despista, es muy listo y sabido; tanto, que aprende pronto los enrevesados caminos de la sierra, y no tarda en dejarme otra vez junto a la ya mencionada fuente del Cid.

Tiene dos caños. El de la izquierda está sellado, pero el de la derecha regala al pilón un dulce canto que no ha cesado desde la época musulmana y puede que desde antes, que los romanos eran muy duchos en aljibes, acueductos y conducciones acuíferas.

Sea remoto o remotísimo su origen, bebo de ese agua y comprendo por qué algunos habitantes de Sayalonga no beben de otra, según reza uno de los mosaicos adosados a la pared del surtidor. Que también da noticias estupendas, como la de que el Cid que a ella se acercó para saciar su sed, y que como vimos debió de ser importantísimo para la memoria morisca, apoyó la mano en esa pared y la huella de esa mano quedó indeleblemente impresa en ella.

Se trata de una leyenda típicamente islámica. Como la que figura en la supuesta tumba de Jesús, en Srinagar, Cachemira, junto a una gran huella de pie, bastante mayor que la que dejaría un vulgar humano, labrada en una losa del pavimento. Se atribuye a ese personaje que el cristianismo endiosa y el islamismo reduce a la mera condición de profeta y que, según se dice por aquellos lejanos andurriales, no murió en la cruz, sino que viajó en peregrinación a la India. Como dicen los mexicanos, todo es *a según.*

¡El agua de la fuente de Sayalonga! Qué bien deja el espíritu y el cuerpo. Hace en él tanto efecto como el combustible que

Moreras del Mirador de las Tres Moreras.
Sayalonga

da fuerzas a mi metálica montura, de manera que dejo atrás, *piano piano,* sus procelosas cuestas, y me encamino a la puerta del Museo Morisco, donde he quedado con mi amigo Felipe, el tractorista con quien me tropecé en mi viaje anterior, para que me enseñe su casa, igualmente morisca.

Felipe me muestra, antes que su casa, sus dientes inmaculados en una sana sonrisa de pueblo. Es alta y estrecha —la casa, no la sonrisa—, con escalones empinados en los flancos de sus paredes, de sólidos muros. Se abre con una especie de sala-dormitorio, un poco más abajo de la altura de la calle, que en su día debió de servir, probablemente, de estancia para animales domésticos, puede que compartida ocasionalmente por personas, según costumbres de la época.

Una mínima cocina se halla en la planta siguiente, con el tiro de la chimenea cegado. También se encuentra en esa planta el cuarto de baño, igualmente mínimo. Dispone de una taza para lo que demanda la naturaleza, y en vez de ducha o baño, de un fregadero, ambos objetos injertados, claro, en épocas muy posteriores a sus remotos orígenes islámicos. Desde allí se sube a una pequeña terraza, donde no falta un aljibe, heredero del morisco, y desde la que se contempla la majestuosa corona de montañas que la rodean.

Y eso es todo. Hablamos del precio de la casa, aunque de forma protocolaria, pues el buen hombre intuye que no tengo la mínima intención de comprarla. Mucho más me interesa lo que he logrado que me cuente, la historia que ha llegado a sus oídos por transmisión oral de padres a hijos: sus antepasados de Antequera —me enteré luego de que eran 23, entre ellos un cura y un monaguillo— llegaron allí desarrapados y con poco más que lo puesto, y dado el estado de saqueo y deterioro en que habían quedado las casas, los colonos tuvieron que vivir algún tiempo en tiendas de campaña hasta que poco a poco fueron tomando posesión de las mismas, tras ser repartidas, junto a las tierras, en 1572. Felipe me asegura que la suya es una de las más antiguas.

Al despedirnos le digo que me considere un amigo, tanto si compro o no el inmueble, y como tal le estrecho la mano con cálido apretón. Toma cada cual su camino y en el mío, apenas doblo la esquina, me encuentro con una magnífica sorpresa, la de un pequeño jardín, con tres hermosas moreras, al lado de un maravilloso mirador desde el que pueden verse y casi tocarse —gracias a la limpidez del aire— las más bellas montañas verdes, salpicadas con las motas blancas de mínimos cortijos, que haya visto hasta entonces. Una delicia en este día reventón de luz y colores.

La calle donde se encuentra este Belvedere se llama Morales, nombre que conserva desde hace siglos, según indica un cartel, y que debe a la gran extensión de las moreras que desde allí podía contemplarse a los pies del valle. Pues no en vano los moriscos de este pueblo, como los de otras localidades de la zona, eran expertos en la fabricación de una seda muy cotizada en los mercados de Europa, a la que debían su floreciente economía.

Los que vinieron detrás no tenían ni idea de tal industria, y pidieron a los moriscos no expulsados que continuaran con ella. Sin embargo los tiempos habían cambiado, las comunicaciones habían desaparecido, la economía estaba por los suelos, la vida se había vuelto precaria en extremo, como suele ocurrir después de una guerra, y no hubo forma de prolongar la hermosa y lucrativa tradición.

Pero el cartel no dice que estas moreras —árboles de moros—

fueron taladas por los cristianos, casi todas, durante la guerra morisca. Así lo hicieron, porque no sabrían cómo fabricar seda, pero sí cómo fastidiar todo lo posible impidiendo que sus enemigos, más cultos que ellos, siguieran fabricándola. Tampoco supe yo de tal episodio hasta que vine a Sayalonga. Nunca estuvo suficientemente divulgada la terrible historia de esa guerra. Los vencedores de todas rehúyen rebajarse a explicar los pequeños detalles, que siempre son los más importantes, y dolorosos, para quienes las pierden.

Dejo atrás el mirador de las tres moreras e intento visitar el famoso cementerio octogonal, o redondo, según se mire, cuya curiosa construcción es única en España. Pregunto a un anciano, sentado en un banco, que por dónde se va. El anciano me lo indica y también lo hace, a mis espaldas, una voz femenina. Me vuelvo y veo a una mujer que, tras darme la información que solicito, me dice que también va a ir allí y se ofrece a acompañarme.

Naturalmente, acepto encantado. Camina a mi lado con cierta desidia, que ella atribuye a no sé qué problema de menisco y yo intuyo que a la tristeza. Es morena, algo entradilla en carnes, y oculta sus ojos y una parte de su rostro con unas enormes gafas de sol, de modo que no sé si es fea o guapa.

Pero me da igual porque su voz es muy agradable y empieza a contarme cosas de su vida como si yo no fuera un extraño. Lo creerás o no, pero este tipo de cosas, como de ensoñación del sabio Frestón, ocurren por estos poco visitados pagos.

Mientras caminamos al camposanto le cuento a este inesperado avatar el propósito indagador de mi viaje, y ella me confiesa que se aburre en un pueblo *porque aquí sólo es posible aburrirse o estudiar.* Le quedan dos asignaturas para terminar Derecho, es soltera y tiene treinta y cinco años, *bueno*—precisa, coqueta— *me queda un mes para cumplirlos.* No ha logrado terminar su carrera por un problema administrativo con la Universidad de Málaga, a la que aborrece por discordancias con su rector, pero espera acabarla este año matriculándose en la Universidad a distancia.

Llegamos al cementerio. Jamás he entrado en sitio tan lúgubre con tan buena compañía. Y como el viajero es solitario por la naturaleza de su quehacer, acompañantes de esta naturaleza le alegran el alma. Así que mi pensamiento se enreda en volutas aéreas y vengo a reflexionar en lo que me gustaría: que una vez entrado con los pies por delante en uno de estos recintos recatados, hubiera un más allá, y en ese vaporoso lugar me recibiera un ángel femenino de tan hospitalaria condición como la de mi joven y algo decaída acompañante.

Y ya más tonterías no se me ocurren junto a esa fémina tan agradable. Me pide información sobre la historia de Al Ándalus y prometo enviársela por *mail*, mientras atravesamos el umbral de un recinto precioso donde la muerte deja paso a una primavera repleta de rosales y defendida por la blancura de sus columbarios.

Hablaré luego de la historia de este cementerio, tan singular como bello. Ahora te diré lo que la joven me decía mientras caminaba a mi flanco izquierdo —soy algo sordo del derecho— y me señalaba el lugar donde, sin nada que lo indique, hay una fosa de fusilados de la guerra civil: que en su infancia, cerca de ese sitio, había huesos humanos al aire libre, y que cuando tenía once años se reunió allí, de noche y con unas amigas, a jugar con la *oui-ja*.

—¿Y qué te dijeron los muertos?

—Nada, bobadas... Ahora son muertos viejos; ya no se entierra a nadie aquí desde hace diez años.

La veo sonreír por primera vez tras de sus gafas negras.

El cementerio es más que singular. Fue construido en 1830 por un maestro de obras, oriundo de la localidad, llamado Pedro Gordillo, que estuvo trabajando en la catedral de Málaga hasta que no hubo más dinero para continuar las obras y se dejó de construir uno de los dos campanarios proyectados. Por eso la llaman «La Manquita».

Pero, según parece, era mucho más que un simple maestro de obras. A juzgar por la estructura octogonal, la misma de muchas iglesias templarias, posiblemente estaba en posesión de conocimientos que los albañiles medievales transmitieron supuestamente a los masones, de acuerdo con una corriente esotérica que daba significados ocultos a ciertas formas de construir, y cuyas relaciones numéricas se remontarían al Templo de Salomón.

Así, el número ocho, y el consiguiente octógono, simbolizaría la relación del cielo con la tierra, lo inmaterial con lo físico; y nada más adecuado, desde esa filosofía simbólica, que materializarlo en un cementerio donde los columbarios forman una especie de plaza —el mundo terrestre— que mira al cielo.

En su concepción originaria no existían los columbarios interiores, incorporados posteriormente, que dañan la vacuidad de la plaza, me informó la chica, quien también me dijo que hubo un intento de suprimirlos que no llegó a prosperar.

No sé si se inspiró en exoterismos medievales, pero es más que sospechable que Pedro Gordillo fuera un masón afrancesado, como hubo tantos españoles en una época que se debatía entre tradición y revolución. Pero lo cierto es que, como ya he señalado, no existe en toda España otro cementerio semejante.

Dejamos para otros las elucubraciones burdamente supersticiosas de que ha sido objeto este recinto, como las emitidas en cierto programa televisivo de misterios baratos, según las cuales algunos vecinos «veían luces extrañas por la noche» y cosas así.

De otro tipo de fuegos no tan fatuos, los del amor que vence a la muerte, queda constancia en algunos epitafios. Como el que figura en la tumba de Francisca Gordillo y Gordillo Sarazal (sic), una niña que murió en 1878, y que literalmente transcribo:

En mis brasos te dormistes
Un ángel te despertó
Y como te bió tan pura
Al cielo te remontó.

No se puede decir más, ni mejor, con menos palabras.

Ni mi acompañante ni yo nos remontamos al cielo, sino que salimos del cementerio tan vivos como entramos, loado sea.

Al llegar a la plaza del pueblo le digo a mi espontánea compañera que voy a la cooperativa, a recoger una garrafa de vino que dejé encargada, y nos despedimos. Pero una vez allí, tras pagar al encargado, me encuentro con que la joven, pese a habernos despedido con un beso de protocolo, me ha seguido sin que me dé cuenta y vuelve a estar a mi lado con toda la naturalidad del mundo. Cosas, como digo, del sabio Frestón.

Sin más explicaciones seguimos caminando juntos, ante algunas miradas insidiosas; pues seguramente es la primera vez que la ven caminar con un extraño de pantalones cortos, sombrero de paja y pelo cano. Ganas me dan de proclamar algo así como «esto no es lo que parece».

Le pedí que me acompañara a una frutería y allí, mientras me despachaban unos espléndidos tomates, se quitó las gafas de sol. Sus ojos eran preciosos, negros, impresionantes, absolutamente morunos, y sus facciones de una nobleza singular, disimulada con cierto desaliño. De modo que ponderé su recién descubierta belleza, y no pude reprimir decirle algo cortés, y no sé si fuera de lugar, como aquello de «si tuviera treinta años menos te tiraría los tejos».

—Pero —añadí— me conformo con ser tu padre.

Se rió un poco y sonrió mucho. Pero su rostro se tiñó pronto de una evidente melancolía.

Una vez en la calle, le pregunté por qué estaba triste y me confesó una desgraciada historia de amor.

—Así que prefiero quedarme en el pueblo, donde al menos estoy tranquila.

Nada le pregunté sobre su tragedia. Pero no era del todo cierto que estuviera en el pueblo tan tranquila, pues me confesó que de vez en cuando iba a Málaga para respirar aire de ciudad.

—Aunque los malagueños solteros de mi edad, o se muestran prepotentes conmigo o se drogan; no me interesan.

En vista de la confianza que me mostraba, no me quedó más remedio que, antes de despedirnos definitivamente, relatarle una vieja historia:

—Cuando aún no tenía tus años —le conté mientras tuvo la cortesía de seguir a mi lado hasta donde me aguardaba *Rocinante*— conocí a un pintor un tanto extraño. Pese a vivir en Madrid, se las arreglaba para salir al campo cada noche y dormir al raso. Eso fue lo que me dijo, y yo le creí. Pero también me dijo algo que no se me ha olvidado. «Lo que tienes que hacer en esta vida —aseguraba— es levantar piedras. Unas veces te encontrarás un botón, otras un gusano, otras un céntimo, otras un escorpión, otras nada..., pero sigue levantando piedras, pues al final te espera una perla».

Así que le pedí, por favor, que no tirase la toalla, que nadie en vida se merecía vivir en un cementerio, que no abandonase la esperanza nunca, nunca...

¿No nos habríamos conocido en una vida anterior? ¿No sería ella una reencarnación de morisca, y yo la del misterioso Cid de la fuente? ¿No sería eso mismo, que no abandonase la esperanza, lo que aquel señor sarraceno le dijo al pueblo de Sayalonga?

Otrosí digo: ¿Habrá sido esa fuente de encantamientos, llamada del Cid, como creen muchos, bendecida por Venus?

Sólo podemos ver unas pocas caras en el poliedro de la realidad. Pero Alá es el más sabio.

Y ojalá permita que la gentil mujer que me acompañó encuentre, finalmente, la perla que se merece.

XV. Los morabitos invisibles

VINO, SANTÓN Y JAMÓN — LA BENDICIÓN DEL SUFÍ — UNA CASA MISTERIOSA — CUADRADO, ESFERA Y SILENCIO — INDIFERENCIAS Y OLVIDOS

> *Viviendo en las montañas y a lo largo de las costas, Muhammad Ashraf al-Rundí evitó los lugares habitados durante cerca de treinta años. Tenía una profunda intuición, lloraba y rezaba mucho y guardaba silencio perpetuo. Con frecuencia, absorto en su meditación, trazaba líneas en el suelo con el dedo, luego levantaba la cabeza y respiraba profundamente...*
>
> IBN ARABÍ

He visto otro cerdo, en Canillas de Albaida, con el hociquillo orgullosamente levantado. Apenas medía poco más de cinco dedos de una mano no demasiado ancha. Tenía poco espacio para moverse porque estaba dentro de la hornacina excavada en la fachada de una casa. Tampoco tenía necesidad ni probabilidad alguna de hacerlo, porque era de barro y, en el improbable caso de que se moviera, se tropezaría con los pies, también de barro, de un estático, y puede que extático varón llamado san Antón, santo al que ya conocemos, de unos veinte centímetros de altura, a cuyo amparo se acogen todas las bestezuelas domésticas que en el mundo habitan, particularmente las de hocico redondo y gruñido poco musical.

En la mirada de vidrio de este cerdo se reflejaba el cielo primaveral de un pueblo que, antaño, lo había tenido por animal impuro. En la del santo, la pureza del aire.

A Canillas de Albaida, de impuesta imaginería tocinera, acudo en compañía de mi amiga Concha y de dos amigos comunes, Aurelia, que es de Ardales, y su marido, casualmente también llamado Antonio, como el santo, que nació aquí.

Dado que el Antonio que puede moverse no es de piedra ni barro, como el inmóvil Antón, ni tiene cerdo alguno que le pudiera trabar los pies, como me los trababa a mí el ladino *Chulín*, la emoción de reencontrarse con sus raíces, tras quince años de ausencia, le confiere una notable agilidad remontando cuestas, cosa que el resto de la expedición dominguera intentamos —no siempre con éxito— imitar.

De los cuatro, creo que soy el único que se ha fijado en el cerdillo, puede que porque son las once de una mañana espléndida, todavía no he desayunado, y me viene a la cabeza lo bueno que sería hincar el diente a un oloroso bocadillo de jamón, a ser posible pata negra.

Pero alejo con rapidez semejante tentación, impropia en un pueblo donde ya no rige la prohibición islámica, pero sigue flotando el espíritu andalusí.

Recodos y adarves, blanquísimos como de novia en boda, festonean las calles, engalanadas de flores, cuyas explosiones cromáticas se producen, sin dolo, desde multitud de macetas perfumadas: el cielo musulmán no se contenta aquí con permanecer en el recato de los patios, sonoros de fuentes como en Córdoba, sino que sale de las casas para proclamar la alegría de la vida. Por otra parte, la caótica urbanización de esas calles está más cerca de la biología que de la geometría, lo que les da un encanto extraordinario.

Entramos primero en la bodeguita privada y vacía de un familiar de mi amigo, que para él guarda recuerdos agradables de su infancia y para los demás no significa nada en particular.

Pero me fijo en el techado que sostiene la primera planta y me doy cuenta de que esta casa, como casi todas las del centro del pueblo, es morisca. El suelo del piso superior está sostenido por trabazón de vigas de madera, amarradas con soga de cáñamo, que soporta una estructura de cañas y yeso sobre la que se colocaron las losas. Y toda esa base, sólo en apariencia precaria, está protegida por una cal que aguantó el paso, y el peso, de cientos de años.

Sospecho que esta forma de construir se siguió en Canillas de Albaida cuando estaba amparado por la media luna. Sí puedo afirmar que los moriscos levantaron sus moradas siguiendo la técnica íbera, con el resultado que ya hemos visto en Salares: grandes piedras sin desbastar en la base y más arriba argamasa fortalecida por piedras más pequeñas.

La primera planta de casas así puede durar una eternidad; no así las siguientes, más fáciles de desmoronarse; de modo que los canilleros, o como quiera Alá que se llamen, han ido construyendo sobre esa base inamovible lo que la destrucción natural ha echado a perder durante tantos años.

En el centro del pueblo hay una antigua mezquita convertida en iglesia, cuyo techo a dos aguas está ligeramente arqueado, lo que le da un vago parecido con las pagodas chinas. Pero a su lado, un poco más abajo de una estrecha y empinada calle, se encuentra un edificio más que singular.

En él todas las piedras son grandes; carece de techo, pero también de algo cuya ausencia llama mucho la atención: carece de cal, y creo que es el único del pueblo cuya fachada no está protegida por esa blancura campesina que mejor compite con los amaneceres andaluces. Como si los habitantes del pueblo se avergonzaran del pasado de este edificio, en uno de cuyos flancos, al igual que en la mezquita de Salares, se levanta un alminar que ahora sirve de campanario a la iglesia colindante.

Me siento muy atraído por este erguido conglomerado gris, de antiguas piedras, que no ha gozado del favor de la blancura. Se me figura como una venerable anciana a la que la dejadez de sus deudos hubiera dejado sin el consolador maquillaje que refresca el aspecto de la vejez. Charlamos un rato con un amigo de la infancia de mi amigo Antonio, en un encuentro casual. Le pregunto por el origen de este enigmático edificio y me informa de que en su infancia había sido el cine del pueblo.

Me acerco de nuevo a la desvalida casa y observo que, en efecto, en su fachada, a la altura de la cabeza de un hombre, se hubo abierto una taquilla, ahora sellada, pero con un arquito de ladrillos comunes, rojizos, contemporáneos; lo que indica que, sin duda, antes, mucho antes que cine, fue otra cosa.

Es posible que se trate de una madraza rural o de una mezquita más antigua que su compañera. Y que el lamentable aspecto de esta ruina se deba a que hubiera sido escenario cruento en la guerra morisca, donde tanta sangre se vertió, y mejor *no menealla.*

Pero me da pena que, en contraste con el resto de las casas del pueblo, no haya merecido la gracia, en cientos de años, de que sus pétreas desnudeces se cubrieran con el bálsamo de la cal. A pesar de lo cual, abandonada y solitaria, sin cuidados de nadie, sin función alguna, sigue en pie..., o tal vez con la de indicar al avisado forastero lo que probablemente fue, y del fervor que acumuló posiblemente en su *mihrab,* de cara a la Meca...

Entramos en un bar y, sin que Mahoma se entere me endoso el soñado bocata de jamón. Al que acompaña, como buen vasallo, ese delicioso vino de pasas que se cultiva en la zona baja de la Axarquía; cuyos tragos despaciosos ya regalaban a los muslimes, de tapadillo, toda la felicidad que una persona honesta puede recibir en este mundo, de inmediato y sin ofender a nadie. Soy un pecador, lo sé; pero como muy bien dijo Oscar Wilde, las tentaciones están para caer en ellas.

Reconfortado por ambas y sabrosas prohibiciones —«Prohibido prohibir» figura en mi divisa de caballero vagamundo— me uno a los también desayunados compañeros y nos disponemos a patear el pueblo, esquivando a una bandada de niños y niñas, albos de primera comunión, cuyos padres, en connivencia con el cura, han decidido que ese día la hagan todos juntos.

Acuciado por sus añoranzas de niñez, el también impar caballero Antonio el Andante —cuya divisa es «Prohibido pararse»—, nos arrastra pueblo abajo hasta la ermita levantada, precisa y puede que intencionadamente, en honor de San Antón, amparador de cerdos, poco tiempo después de que Canillas de Albaida, a la fuerza ahorcan, hubiera entrado en la amorosa religión de Cristo Jesús.

Antonio nos invita a sentarnos en un poyo de la entrada y se complace en afirmar que nada ha cambiado en quince años. En sitios así, rodeados de paisajes lejanos y apacibles, el mundo gira

Antiguo morabito, hoy ermita, en Canillas de Albaida

y se transforma en torno a un remanso de paz que permanece inmutable, como un eje en la rueda del tiempo.

Nos dejamos imbuir de esa paz, pero por poco tiempo, pues el inquieto caballero de los pies ligeros insta a su mesnada a levantar el campamento y volver a guerrear con lo empinado y lo caluroso, atravesando Canillas para alcanzar su altura máxima, donde se encuentra otro edificio, este sí, cargado de ocultos significados.

De manera que remontamos el pueblo hasta la cima de una colina donde se domina; y donde se yergue otro recuerdo infantil del celérico escalador, la ermita de Santa Ana. Llegamos con nuestras respectivas damas sin más cabalgaduras que nuestras ocho piernas; es decir, soltando el bofe, resollando y maldiciendo yo, entre dientes, la envidiable agilidad del compañero. Pero llegamos.

Y es como llegar a un paraíso donde no son necesarias las huríes para sentirse deliciosamente bien. Aquí ya no hace calor, sino una brisa ligera y aromática, embajadora de los montes que la rodean, y el silencio es perfecto. El lugar es de tanta calma, y tan gustoso, que el tiempo pasa sin que nos demos cuenta, así que mi amigo Antonio ha dejado atrás su afán cinético y lo ha sustituido por la serenidad que su rostro refleja y de la que los cuatro gozamos.

Algo así debió de ocurrirle, hace mucho, mucho tiempo, a quien tras subir a esta colina, y gozar de ella como nosotros, decidió que era el sitio perfecto para comunicarse con Alá, sin intermediarios y sin necesidad de volver a hacer otra cosa en el mundo. Y levantó un morabito.

Les digo a mis compañeros que morabito o rábita, que también se dice, es una pequeña construcción, ideada por los sufíes, que representa al universo: cuatro paredes que quieren ser la tierra, con sus cuatro direcciones y sus cuatro elementos, sostienen el aposento de las estrellas en forma de cúpula circular, dado que el círculo es un polígono de lados infinitos, y esa infinitud es el patrimonio de Alá. Por lo que, quien a esa esfera eleva su mirada, se une con lo que está más allá de su piel, de manera que dejan de existir diferencias entre dentro y fuera.

Ese es todo el mundo que necesita el que, lejos del mundanal ruido, busca la esencia de su esencia hasta entender que es la misma esencia que sostiene el Todo; y busca luego morir en paz, y ser enterrado bajo ese lugar que los musulmanes bendecirán por la doble santidad del sitio elegido y de quien quiso habitarlo para beber, día a día, la serenidad de sus amaneceres.

Por eso los morabitos tienen *baraka* y por eso suelen estar en alto, para que esa mágica bendición se desparrame hacia el pueblo que alimentó al *morabit* que allí moró y sostuvo el morabito donde moraba.

Aurelia, que como dije es de Ardales o *Fardalixh,* en lenguaje moruno, recuerda entonces que en lo más alto de su pueblo está la llamada Ermita del Calvario, y se da cuenta de que en realidad es una rábita, pues tiene la misma forma que les he descrito.

—Allí acuden —me informa—, subiendo a veces de rodillas, quienes quieren cumplir una promesa y agradecer un favor a Dios.

Y yo le digo que exactamente eso es lo que se hacía, en el mismo sitio, en época musulmana: cambia la religión, pero no el fervor que inspira la magia de ciertos lugares.

Y me pongo a recordar cómo la Iglesia católica ha conservado siempre la sacralidad de los lugares —para no herir la fervorosa costumbre de quienes a ellos acudían— al precio de ocultar y mentir sobre el origen de los mismos. Junto a Soria, y a orillas del Duero, están las ermitas de san Polo y san Saturio, dos santos más falsos que duros de chocolate, pues en realidad tales ermitas no eran sino santuarios que los romanos dedicaron a los dioses Apolo y Saturno…

Los ejemplos, tanto en el Viejo como en el Nuevo Mundo, podrían repetirse hasta la saciedad, pero no me apetece realizar tan fatigoso ejercicio de memoria, pues prefiero sumergirme en la placidez exquisita de la rebautizada ermita de Santa Ana, que me llamó mucho la atención a primera vista.

¿Por qué?

Porque el curioso atrio que sirve de entrada a la construcción «primitivamente musulmana» —según reza un estropeado cartel— está constituido por paredes de lo que fuera un morabito, que ahora se abren a las montañas por sendos arcos; en cuyas cimas pueden observarse agujeros del tamaño de una viga que probablemente soportaron las que a su vez sostuvieron la bóveda esférica; y porque sobre el altar de la ahora ermita se levanta otra bóveda, construida con el mismo tipo de losas rojas del pavimento que pisamos, sobre cuatro paredes de parecidas dimensiones a las del atrio donde nos encontramos, antiguo morabito a mi entender, pero sin techo.

Es decir, dos morabitos musulmanes comunicados por una construcción que si fuera contemporánea de aquéllos sería mezquita, y si posterior ermita cristiana.

Pero en ninguna parte se dice que allí hubieran existido dos morabitos; como tampoco se dice de la llamada «ermita del Calvario» de Ardales, de la que sin embargo se afirma, en algún recodo de Internet, que estuvo «suficientemente cristianizada»; con lo que se alude, indirectamente, a su origen musulmán. Como de ninguneo o disimulo, estos ejercicios elusivos que practica el clero rural andaluz no tienen precio.

Las autoridades municipales no les van a la zaga en cuanto a desprecio frente a los numerosos, y sin embargo muchos de ellos casi ocultos morabitos que subsisten en suelo andaluz y en muchos otros de la Península. En alguna parte se han utilizado como viviendas por gente carente de techo, pese a no disponer estas construcciones de agua ni de luz; por poco tiempo, pues no se ha tardado en desalojar a esas personas, sin que ello significara interés alguno en la conservación de estos santuarios que, abandonados de la mano de Alá, y en las manos prevaricadoras del tiempo, se van desmoronando poco a poco.

Conozco un edificio que me parece morabito en las afueras de Churriana, muy cerca de donde Gerard Brenan tuvo su última casa, que permanece en un descampado como perro sin dueño, aunque quieto como el cerdillo de la hornacina y tristemente gris como la casa misteriosa de Canillas de Algaida. Sin que casi nadie sepa qué sea esa cosa, sin que nadie lo proteja y sin que nadie haga nada por remediar tan triste abandono. Ejemplos así los hay a centenares.

Es muy lamentable, porque los morabitos jugaron un papel fundamental en el desarrollo del sufismo andalusí, una de los más brillantes focos de sabiduría y quietud que ha regalado esta tierra a la humanidad.

Otros morabitos, sin embargo, han sido conservados por

quienes durante generaciones, ora musulmanas, ora cristianas, reconocen las vibraciones de su *baraka* y están dispuestos a asociarla con toda clase de milagros.

Es el caso del morabito de Huelva, anterior al año 1200 de nuestra era, que ahora tiene el nombre de Humilladero de Nuestra Señora de la Cinta.

Los fieles de la patrona onubense, cuyo Santuario se encuentra un poco más arriba, en lo alto de una colina de espléndidas vistas, acuden primero a la denominada ermita, para rezar antes de hacerlo en el santuario, donde antes hubo mezquita, y recuerdan que en aquel terremoto dantesco que se inició en Lisboa, en 1755, y destruyó casi toda Huelva, este edificio se salvó «milagrosamente», puede que por sus reducidas dimensiones.

Con milagro o sin él, lo cierto es que es el único edificio de época musulmana en esta ciudad que ha llegado hasta nuestros días sin daño alguno; es más, siendo periódicamente reparado para que se conserve en perfectas condiciones.

Los que acuden de rodillas al morabito de Ardales, o a cualquier otro, para cumplir una promesa, llámese ahora ermita del Calvario o de cualquier otro modo, deberían saber que bajo muchos de estos edificios yace el santón musulmán que dio origen a la tradición del peregrinaje, aunque se haya borrado su nombre, su memoria y su sepultura. Y quién sabe si a él le deben todavía el favor con que el cielo, según creen, les ha favorecido.

El sol ha alcanzado su cenit. Tratamos de sacudirnos la placidez que nos invade para iniciar el descenso. Mientras bajamos a comer me prometo regresar un día a este doble morabito, verter en la tierra que podría acoger al *morabit* que lo fundó un poco de vino de Sayalonga, y pedir perdón por ello al Clemente, al Misericordioso. Pero recordándole, si es que existe y puede oírme, que la dulzura del vino de pasas es obra suya.

Seguro que el bendito sufí, si es que sus restos permanecen bajo esta bendita tierra, me lo agradecerá. Y compartirá la dulzura de ese vino con cuantas huríes lo acompañen en el séptimo cielo.

Y si no se encontrasen allí esos restos, que me lo agradezcan cuantos *morabits* anónimos yacen enterrados en quién sabe qué desconocidos rincones de un Al Ándalus olvidado, pero vivo todavía.

XVI. Los nietos de Ibn Hafsún

EL CEMENTERIO DE FRANCIA — LOS MORISCOS OLVIDADOS — EL MISTERIO DEL LIENZO QUEMADO — MORDISCOS DE LA INQUISICIÓN — DEL CALIFATO AL *PITUFATO*

¿Qué tipo de gente puede esperarse que nazca en la comarca donde nació el gran rebelde Omar ibn Hafsún, el caudillo de Bobastro?

Las montañas contemplan por encima del hombro a los pigmeos que nos atrevemos a sortearlas. Son amenazantes, duras, terribles, y los pasos muy estrechos. La comarca es de grandes contrastes, pues bajo altos picachos, que parecen a punto de caer sobre ti, se encuentran simas de vértigo que figuran entre las más profundas del planeta, alguna de ellas con una hondura que sobrepasa los mil metros.

Por aquí sólo pueden nacer guerrilleros duros como el basalto, del mismo temple de aquel mítico guerrero muladí que humilló al califato cordobés, o de aquellos *samurais* para quienes el honor valía infinitamente más que la vida.

En el alma de estos *samurais* andalusíes brotaba la misma gallardía en la derrota y en la victoria, el desprecio a la muerte y el *quejío* de quien aguanta a palo seco la adversidad sin permitirse otra salida que el desgarramiento del cante jondo. Por eso es comprensible que los japoneses lo amen tanto. *Rocinante*, que no sé si es del todo japonés, pero cuya marca de fábrica es japonesa, me lo recuerda ronroneando con sabiduría en una curva peligrosa.

Antes de pasar por estos desfiladeros, muchos soldados de la *Grande Armée,* durante la francesada, hubieran preferido suicidarse. Porque había altísimas probabilidades de que ofrendasen sus vidas a la precaria majestad de José I, a veces en medio de espantosos tormentos, como ser arrojados vivos a una olla de aceite hirviendo, descuartizados y otras atrocidades semejantes: ojo por ojo, terror por terror.

No es extraño que cuando se les ordenaba patrullar de Ronda a la frontera de Gibraltar, para sanear caminos o proteger avitualiamientos, se les pusieran de corbata los bastones de futuros mariscales que llevaban en la mochila.

Tampoco fue invención gratuita que llamaran a este semillero de guerrilleros rabiosos «El camino de la amargura y el cementerio de Francia».

Rabiosos no sólo por el insulto de una nueva invasión del Norte, sino porque los antiguos invasores castellanos, después de siglos de opresión, ofrecían a estos nietos de Ibn Hafsún la posibilidad de la venganza armada: si Fernando e Isabel les quitaron las armas Fernando VII, torticeramente, se las devolvía para que peleasen contra los que robaban en nombre de la Declaración Universal de los Derechos del Hombre y el Ciudadano. Pero a cambio de que los antiguos ladrones del incienso y la espada, venidos también del Norte, recuperaran el poder.

De lo que no siempre eran conscientes estos guerrilleros, armados, sahumados y bendecidos por la misma mano que los oprimía, es de que tenían tanto derecho a luchar contra los nuevos como contra los antiguos bárbaros.

A luchar contra todos los invasores, aunque también contra las ideas de los antiguos y a favor de las ideas de los nuevos. Porque estos traían tres buenas nuevas de Libertad, Igualdad y Fraternidad frente a la otra trilogía menos apetecible de Dios, Patria y Rey; por más que una cosa fuera lo que predicaban aquellos hambrientos franchutes y otra el trigo que pudieran dar. Más bien lo quitaban con el expreso beneplácito de *Napoladrón*, quien contra los requerimientos reiterados de su hermano José, sablista frustrado, no quería soltar un franco en España, sino todo lo contrario.

¿Sabes el origen de la expresión «tortilla francesa, o a la francesa»? Cuando los soldados de la casaca azul entraban en un pueblo, arramblaban con cuanto se pudiera comer salvo huevos, demasiado frágiles para cargar con ellos. De modo que los campesinos se veían obligados, y menos mal, a cocinar tortillas de huevo con huevo, ni siquiera humildes, pero españolas, tortillas de patata con cebolla.

Que luego alcanzarían fama mundial, no hay mal que por bien no venga.

La guerra y la gastronomía nunca se llevaron bien. Pero sí la música, tanto la favorable como la contraria a ella, sobre todo la de mucho rataplán.

Con las manos al volante, mientras tarareo la Marsellesa, rememoro las proezas de Andrés García, un guerrillero hijo de estas montañas, natural de Cartajima, hacia donde me dirijo, que antes de guerrillero fue sargento de caballería del Ejército español de Andalucía.

El acontecimiento que desencadenó sus gestas ocurrió el sábado, 20 de enero de 1810. Ese día, marcado por el desastre, sesenta mil soldados franceses del autodenominado Ejército Imperial de España, al mando del mariscal Soult, derrotaron en Despeñaperros a las tropas del general Areízaga, pero de tan contundente manera que la mayoría de los soldados patrios se vio forzada a dispersarse para salvar la vida, desmembrándose así el ejército del general español.

En consecuencia, la sed de venganza de estos soldados, derrotados pero no vencidos, dio origen a unas guerrillas cuya existencia, comenta un alto mando francés de la época, *ha dado a esta guerra un aire salvaje y sin gracia que la hace extremadamente penosa para nuestros soldados...*

¿Acaso habían supuesto que la guerra en España iba a ser graciosa y educada como un minué, al estilo de las que organizaba Luis XIV sin que se le torciera un pelo de la peluca? *Dispare usted primero; no, caballero, después de usted...*

A Napoleón se le ocurrió que los despreciados *manolos,* como llamaban sus soldados a los españoles, no podrían oponerse, tras esa derrota, a que sus tropas entrasen en España a ritmo de paseo militar, con acompañamiento de pífanos, tambores y alguna mascota encabezando la marcha, y esa fue su gran equivocación.

Semejante táctica había funcionado en otros países menos salvajes y por tanto más sensibles a las bandas militares, pero aquí no; porque aquí no había más músicas que las del orgullo y la muerte. El hermano de aquel corso con la mano en el pecho, el rey José, que no tenía nada de tonto, ya se lo había advertido: *Sire, España será el origen de vuestra caída...*

El caso es que el ex sargento Andrés García vuelve a Cartajima con la amargura de la derrota. Pero lejos de amilanarse organiza una partida y se pone al frente de ella. Antes de que el 2 de marzo de aquel año aciago entre en Ronda el propio rey José, García hace sufrir, y mucho, a los invasores, burlando más de un vez a la guarnición francesa de aquella ciudad, punto neurálgico de las comunicaciones militares.

La noticia de que el hermano mayor de Napoleón haya llegado a Ronda moviliza a más de mil quinientos paisanos de estas montañas, armados y liderados por el marino José Serrano Valdenebro. Los rebeldes se acercan a la ciudad rondeña, donde poco antes se había producido el intento de secuestro del monarca intruso a que nos hemos referido en un capítulo anterior. Y están a punto de tomarla cuando el intento se desbarata por la intervención del general Auguste Julien Bigarré, al frente de un contingente de la Guardia Real y de un regimiento de húsares.

Los franceses ya saben lo que se les viene encima. Tras la salida de Ronda del rey José, los guerrilleros acaban tomándola, pero por poco tiempo, pues son de nuevo rechazados por un militar de excepcional valor y valía, muy cercano al monarca napoleónico, el coronel y gobernador militar del distrito de Ronda Jean Claude Baussain.

Un balazo acabó con su vida, el 27 de febrero de 1811, cuando estaba a punto de cumplir cuarenta años de edad.

Este único y certero balazo fue el inicio de la desmoralización, abandono de la ciudad, ocurrida en agosto de 1812, y repliegue de las tropas invasoras hasta Loja y Granada. Pues a pesar de que los franceses, muertos de miedo, enviaran más fuerzas para dar un escarmiento a la guerrilla, fue la guerrilla la que les propinó el escarmiento, el 24 de abril de 1811, en un paraje cercano a Montejaque llamado la Escalereta. Hubo tantos caídos galos que, según se cuenta, en la propia Ronda ocupada aparecieron pasquines en los que se aseguraba que

Quien quisiere carne barata
acuda a la Escalereta de Montejaca.

Hartos de las picaduras de tantos tábanos, como venganza, y ante la imposibilidad de llevarse la artillería almacenada en el polvorín del castillo rondeño, los franceses lo minaron al objeto de dejar trágico recuerdo de su paso con una gran explosión.

Pero estamos en los inicios del Romanticismo, y parece ser que hasta Merimée llegó el sucedido en el que se inspiró para su «Carmen la de Ronda»; aunque cambiase al protagonista de la historia, un soldado francés, por un imaginario vasco del ejército español, y diese a su relato de militar enamorado de rondeña un trágico final. Ambos, el verdadero y el ficticio, desertan antes de convertirse el uno en traidor y el otro en bandolero.

Se trata de lo ocurrido al sargento francés Pierre Depá: loco de amor por una fogosa *manola,* decidió lanzar al tajo rondeño su bastón de futuro mariscal, reveló a los españoles la explosiva trampa que habían dejado sus compatriotas, fue recompensado por ello y se quedó a vivir en Ronda con su amante.

La derrotada Francia quedó enamorada para siempre del embrujo más que cierto que don Próspero atribuyó a las mujeres rondeñas y, por extensión, a todas las andaluzas. Algo bueno habrían de traer las fechorías napoleónicas.

Llegado a este punto, debo romper una lanza a favor del bienintencionado, pero malhadado rey José, a quien le hubiera gustado que los españoles lo aceptasen de buena gana, porque también intentó hacer algo bueno para mejorar la suerte de sus forzados súbditos, si bien al modo despótico de la Ilustración.

No sólo fue —y sigue siendo— el único monarca español que escribió una novela, prerromántica, de no fácil digestión, llamada *Moira;* también fue el único de nuestros reyes, por intruso que fuera, que se licenció en Derecho; así como el primero que ofreció al pueblo una Constitución, aunque otorgada. Y por último, pero no menos importante, fue José I quien primeramente suprimió la Inquisición y las órdenes religiosas en este país, y el autor de la primera desamortización que hubo en España.

El gran afrancesado Francisco de Goya —que tuvo que huir a Francia cuando los energúmenos fernandinos gritaron aquello de *¡Vivan las caenas!*— reflejó aquella desamortización en un estupendo grabado en el que aparece, de rodillas, con los brazos abiertos y mirando al cielo, pero con un sombrero de seglar, un fraile liberado de la esclavitud del convento, gracias a las modernizaciones josefinas, que grita: *¡Bendita libertad!;* grabado que no es precisamente de los que más suelen reproducirse en este país.

Tampoco suele divulgarse mucho todo lo anteriormente referido del llamado, con injusto desprecio, *Rey Plazuelas;* a quien se debe, entre otros beneficios urbanos, el origen de la Plaza de Oriente, gracias a la cual puede verse ahora en perspectiva la fachada del Palacio Real, y la hermosa Plaza de Santa Ana de Madrid, que apareció así de bella tras ordenar nuestro primer José —tan buen alcalde, al menos, como el tercero de los Carlos borbónicos— la demolición del convento dedicado a la santa. Donde, por cierto, estuvo alojado por un tiempo Juan de la Cruz. Tenía, además, proyectos arquitectónicos muy hermosos para Madrid que la guerra impidió realizar.

Así que, a pesar de todo, *¡Vive la France!*

Y tras dar ese grito, por el que Fernando VII me hubiera llevado al garrote vil —aunque, eso sí, reconfortado por un fraile devuelto al santo redil— volvamos a la trágica muerte de Jean Claude Baussain.

No se sabe muy bien si el autor de ese disparo al corazón de los invasores fue el propio Andrés García o un guerrillero de su partida.

Pero sí que Baussain que era conde, pero no de los guillotinados sino de la nueva corte napoleónica, se vio en la necesidad de hacer alarde de arrestos, o redaños, que también se dice, ante una tropa desmoralizada que no se atrevía a salir del recinto rondeño ni para hacer sus necesidades.

Era noble, aunque por sus venas también circulaba la auda-

Casa morisca de Parauta

cia de Dantón. Audazmente, a caballo y seguido por unos pocos voluntarios, salió de avanzadilla bordeando el gran tajo rondeño por la parte del convento de la Merced, un excelente lugar para observar los posibles movimientos del enemigo.

Aunque no le dio tiempo a nada, ya que el tiro le alcanzó en el pecho, proveniente de un montículo situado al otro lado del tajo. El guerrillero, pues era uno solo, logró escapar deslizándose tajo abajo, con la gran suerte de que no le alcanzara disparo alguno de la granizada de plomos que acompañó su descenso.

Descansó el conde en paz, porque hizo lo que se esperaba de él; en la misma paz en la que debe de descansar, y por lo mismo, el guerrillero anónimo, si es que no era el propio Andrés García.

Porque paz hay por estos vericuetos a manos llenas. Como la hubo antes de que sucedieran los trágicos sucesos descritos, los no descritos que sucedieron durante las guerrillas antifranquistas, y como la paz que habrá a partir de ahora, esperemos que para siempre.

Rocinante se balancea, amoroso pero sereno, porque la carretera no permite muchas alegrías. Nos encontramos en la agreste comarca que no sólo fue la cuna de Ibn Hafsún, sino que es refugio, todavía, de los moriscos que prefieren ser olvidados, pero que recuerdan perfectamente sus señas de identidad aunque no quieran dar señales de ello.

A estos pueblos, Parauta —*Hisn Autha,* castillo de Auta—, Cartajima, Júzcar, Faraján..., se les solía denominar *moriches* por el arraigo que sus habitantes conservaban de costumbres islámicas, si bien esas prácticas o se siguen realizando muy de tapadillo, o se han ido hermanando, con el paso del tiempo, con las de quienes vinieron después.

Aunque en el fondo unos y otros no sean, en su mayoría, sino descendientes de las poblaciones prerromanas que sobrevivieron a lenguas, religiones, invasiones y poderes políticos.

Pero el recuerdo de sus abuelos musulmanes se mantuvo, pese a que estos pueblos quedaron medio destrozados tras la rebelión morisca y repoblados, en su mayor parte, por cristianos viejos procedentes de otros lugares de la península.

Al fin hemos llegado a Parauta, que huele a paraíso: el aroma del pan recién hecho, mezclado con el del romero, las flores silvestres, las hierbas que alfombran los espacios donde no mandan peñascos, el de los viejos pinsapos que se retuercen, adaptándose a la difícil orografía de las montañas.

Poco ha cambiado en centurias, y muy poco lo han hecho los hombres que han poblado estas recónditas lejanías y conservado, mal que bien, edificios y rincones de cuando la media luna brillaba en un cielo que sigue tan cuajado de estrellas como entonces.

Quienes han tenido la poca gracia de vivir en una gran ciudad, pervertida de ruidos y humos, quedan encantados por un pueblo que, como Parauta, a todo se adaptó, pero no olvidó nada y siguió respirando la quietud de siempre; porque aunque no se oiga la voz del muecín, sí se puede escuchar la de un ciudadano que está hablando con su móvil en la calle, pero cuatro o cinco esquinas más allá, sin que exista ninguna otra perturbación sonora.

El resto es silencio, un silencio que se desliza hasta las venas del visitante para ofrecerles paz, a media mañana de un infernal día de julio, con el enorme cielo como una patena y las huestes de Ibn Hafsún cabalgando para combatir el calor, en forma de ocasionales brisas deliciosas, y así rendir refrescante homenaje a su caudillo y aliviar el sudor de quien esto escribe.

Me acerco al señor que habla con su móvil, espero a que termine y le pido que me indique el camino para ir al centro del pueblo. Tras las consabidas e inevitables cuestas, llego a un recinto que muy poco ha cambiado en cuatro siglos y donde se encuentra un edificio sorprendente, el que da paso a la llamada Calle del Arquillo.

Se trata, este, de un arco morisco que sostiene dos fachadas igualmente moriscas, evitando así que se desmoronen la una contra la otra.

El edificio que se ve a la derecha del arquillo, desde la plaza, deja una impresión tan grata como extraña, como la que nos dejaría ver bajar a Boabdil a lomos de un borrico por la cuestecilla de aquella calle, y luego ponerse a hablar con un vecino del misterioso edificio, asomado a la pequeña ventana entreabierta desde la cual puede verse ahora el azul del cielo, pues no hay techo en esta casa, llegada casi intacta a nuestros días.

Me llama la atención porque, pese a su extrema vejez, es muy bella. Su esquina no tiene arista, sino que está suavemente redondeada. En su fachada hay dos ventanas que conservan las maderas con que antaño se cerraron; la de más arriba, más grande, tiene a su vez un postigo abierto en la madera, de tal forma que su parte superior culmina con un pico central típicamente islámico. Sobre la pequeña ventana entreabierta de más abajo aparecen los extremos de cinco vigas, también de madera, que sostuvieron el piso superior, de acuerdo con la técnica empleada cuando Parauta todavía no había sido conquistado.

Sobre todo me asombra la puerta que da a la calle: es la misma que existía, dadas las apariencias, cuando se construyó la casa, y muestra los costurones propios de su avanzada edad, disimulados con una sucinta capa de cal. Está constituida por cinco sencillos tablones verticales, llenos de agujeros, y de un ventanuco formando parte de la misma, que se abría desde dentro, pero cuya puertecilla ha desaparecido, siendo sustituida, en el exterior, por dos tiras de hierro clavadas que se entrecruzan.

Esta pequeña ventana, que también termina en punta por arriba, permite ver el interior de la única estancia que permanece bajo techo. Tanto el dintel como la base que sostiene las jambas se construyeron con sendos troncos de madera, que han aguantado perfectamente el paso del tiempo, no así la parte baja de la puerta, corroída por años de lluvias, de tal manera que el dueño de la casa tuvo que cortar esa parte; con lo que la puerta, aunque encaja de nuevo en el marco, deja un espacio abierto por su parte superior.

Hay espacios más que suficientes, por tanto, para ver lo que hay detrás de esa puerta sin que a nadie incomode esa curiosidad, pues no hay nadie en la plaza.

Asomo la cabeza y algo insólito hiere mi vista, un gran lienzo gris y blanco que no puedo determinar para qué sirviera, pues sus dimensiones son más grandes que las habituales de una colcha —tal vez fuera el mantel de una mesa muy grande—, que se sostiene medio atado a las vigas del techo, el único que queda en la casa, de tal modo que lo cubre en parte.

Interior del antiguo morabito, hoy ermita, de Parauta

Pero una buena porción de la que cuelga ofrece signos evidentes de haber sufrido los efectos del fuego, como se confirma por la presencia en el suelo empedrado de algunos trozos igualmente quemados de ese lienzo. El dibujo del posible mantel, o vete a saber qué otra cosa, muestra triángulos enmarcados en un gran círculo y otros arabescos, entre ellos algunos que recuerdan los caracteres de la escritura musulmana.

Me quedo un buen rato contemplando esa extraña reliquia y no sé qué pensar. Se me ocurren mil fantasías, pero al fin llego a la explicación más sencilla: en noche de tormenta invernal de fecha indeterminable, algún vagabundo necesitado de refugio forzaría la más que endeble puerta de la casa, cubriría con esa gran tela parte del techo de la habitación, pues tal vez estaba lloviendo y habría goteras, y finalmente haría un pequeño fuego para calentarse, con tan mala suerte que el lienzo acabó medio ardiendo. No es posible precisar cuándo ocurriera tal cosa, si es que hubiera ocurrido, pero debió de haber sido hace bastante tiempo, a juzgar por el estado de abandono en que se encuentra todo.

Con lo que llego a la conclusión de que el misterio no reside en el incendio del lienzo, sino en la incuria en que permanece el interior de la casa, como puede comprobar cualquiera que pase por ahí.

Luego, recorriendo algunas otras casas moriscas de Parauta, cuyo interior puede observarse también desde la calle, veo que casi todas ellas sirven, como en Salares, de almacén de trastos viejos.

Está claro que la mayoría de la población, o bien carece de recursos o hace poco aprecio de estos edificios moriscos; alguno de los cuales, convenientemente arreglado, podría utilizarse con provecho como casa rural, con el valor añadido de su historia.

Porque son casas muy robustas, con muros lo bastante espesos como para preservar del calor y del frío, y como para poder construir sobre ellos, si faltan los pisos superiores, nuevas plantas de ladrillos comunes, lo que a veces se hace.

Eso, en cuanto a la mayoría de la población; pero en cuanto a la minoría —o tal vez no tan minoría— de origen morisco, la contemplación ruinosa de esas casas debe resultar muy dolorosa.

El desprecio hacia quien no piensa como nosotros no sólo es estúpido, sino también oneroso: los cristianos que despreciaron la industria de la seda morisca, y talaron moreras, se quedaron sin los beneficios que hubiera podido proporcionarles.

Antes de abandonar el pueblo subimos hasta el cementerio. Junto a él se encuentra un antiguo morabito, reconvertido en ermita tras haberse sustituido la esfera que lo coronaba por un tejado a cuatro aguas. Llama la atención que en su interior exista una amalgama de figuritas de santos y santas estratégicamente colocadas, las más grandes atrás y las más pequeñas delante, de un modo similar a como se sitúan las piezas de ajedrez. En primera línea, capitaneando el conjunto, alguien ha colado la fotografía de un militar con una de esas gorras de campaña con borla utilizadas durante la guerra civil en la legión. Por el aspecto de su mínimo bigote parece pertenecer a esa época y al bando de quienes se levantaron contra la República.

En contraposición al simbolismo derechista de este ejército celestial, hay junto a la ermita una lápida labrada en piedra de color rosado, con la fecha de 2009, excesivamente protegida, o tal vez no, por una sólida reja. En la lápida se ha esculpido la figura de una paloma con un ramo de olivo en el pico. Y debajo la siguiente inscripción:

En recuerdo a los parautanos fusilados en la guerra civil, gente noble que creían en la paz y la libertad.

Inscripción que me hace sospechar la existencia en el cementerio de una fosa común, todavía cerrada, con los cuerpos de esos fusilados.

Todavía moros y cristianos.

Más moros que cristianos me da la impresión que quedan en Cartajima, patria del sargento guerrillero cuyas proezas hemos relatado. Para entrar en este otro pueblo, tras marearse de curvas y curvas, hay que atravesar una larga avenida, recta, que lleva el nombre de Fernando VII. Luego me enteré de que ese nombre no se debe a la especial devoción del pueblo por el monarca felón, sino que el tal, para premiar la labor guerrillera, en especial la llevada a cabo por el mencionado sargento, le concedió el título de villa, y sus habitantes se lo agradecieron de esa manera.

Cartajima es de una blancura encantadora. Está lleno de adarves, pasadizos y casas moriscas abandonadas, en alguna de las cuales sólo quedan los muros, y la salvaje vegetación de su interior se desborda y sale al exterior, como pidiendo venganza a todo el que pase por la calle. El pueblo se distingue de otros lugares de la zona por la relativa profusión de azulejos que relatan su historia y hermosean las paredes encaladas de sus casas habitables. En uno de ellos podemos leer que

Hacia el año de 1560, dieciséis vecinos de Cartajima fueron juzgados por el Tribunal de la Inquisición por llevar a cabo, en secreto, ritos mahometanos.

Los moriscos, habiendo recibido el bautismo bajo la amenaza de «o conversión o expulsión», no pudieron dejar las costumbres heredadas de sus antepasados: hablar en algarabía, cantar leylas y zambras, hacer baños y lavatorios, degollar animales recitando oraciones, etc. Por ello fueron castigados con azotes, galeras o el destierro.

Ese año, en efecto, se produjo la visita de inspección a Cartajima del señor inquisidor Martín de Coscojales, pues se sospechaba que los cristianos nuevos tenían muy poco de cristianos. Durante el siglo XVI hubo varios procesos del Santo Oficio para expurgar al pueblo. Pero del generado por la visita de este señor inquisidor, con dieciséis víctimas, quedo una curiosa constancia en los archivos inquisitoriales. En dichos archivos se hace referencia al proceso que sufrió una morisca cartajimera, nada menos que por negarse a degollar a una gallina.

De la referencia escrita al proceso pertenece este tragicómico párrafo:

María Flores, porque no queriendo degollar una gallina, ni permitir que otra mujer la degollase, andaba buscando hombre que lo hiciese. Misa y dos mil maravedís (+ Dio por defensa que por no tener cuchillo para la degollar, buscaba al carnicero que se la degollase; y así se entendió y por eso se penitençió, pues no constó bien de que lo hacía por no degollar ella...)

Recordemos que la religión musulmana estipula que los sacrificios de animales para consumo humano deben hacerse por varón circuncidado, por degüello, y con la cara del animal puesta en dirección a la Meca. Al negarse María Flores a oficiar ese rito, por ser mujer, dejaba al descubierto sus creencias.

Y al pretextar que no sacrificó a la gallina por no tener cuchillo, porque quería buscar a un carnicero, etc., ponía en evidencia igualmente que recurría a la *taquiyya,* táctica de simulación permitida y aconsejada a los islámicos en tiempos de persecución, como ya sabemos.

La multa de dos mil maravedís, y misa, da cuenta de la crueldad inquisitorial ante un hecho de tan poca importancia. Desconocemos el verdadero nombre musulmán de esta pobre mujer, pues como todos sus convecinos moriscos se vio en la obligación de cambiarlo por otro cristiano en el momento de ser bautizada a la fuerza.

Las nuevas autoridades construyeron una iglesia a principios del siglo XVI, pero los cartajimeros le hicieron tan poco caso, o le faltaron tanto al respeto, que hubo de sufrir diversas reformas y reparaciones a principios del siglo siguiente.

Los habitantes de este pueblo se habían rendido a los Reyes Católicos, como todos los de la región, tras la caída de Ronda;

pero no todos. Hubo un rebelde al que las venas le ardían con el fuego de Ibn Hafsún. Le llamaban *el Tajarillo.* Proclamó a todo el mundo, a voz en cuello, que se negaba a ser bautizado, y tras su valiente proclama no tuvo más remedio que huir. Fue hallado muerto en una zona montañosa cercana, llamada Los Riscos, al parecer víctima de una caída, o eso se dijo.

¡Se dicen tantas cosas, unas verdaderas y otras no tanto! Aunque no hay que juzgar a la gente por lo que dice, sino por lo que hace.

No tiene uno vocación ni capacidad de juez, pero juzgue quien la tenga si ha sido o no barbaridad lo que se ha hecho en Júzcar, a donde llego tras mi visita a Cartajima:

Se ha pasado del Califato que tanto honró a estos lugares, con o sin su gran rebelde, a un *Pitufato* de muy difícil asimilación: todo el pueblo, incluidos iglesia y cementerio, estos últimos con autorización del obispo, pintados de un azul de dibujos animados, al parecer con la intención de animar al turismo, tras ser elegido este lugar como el más idóneo del mundo para promocionar a *Los Pitufos.*

Por si hay alguien que no lo sepa, se trata de esos seres televisivos que tanto encantan a los niños y que ahora aparecen, de todos los tamaños y todas las posturas, por puertas y balcones del azulado edén rondeño.

Tal vez el turismo se haya visto favorecido, o los parados del lugar, con un mísero contrato de quince días, los que se tardó en pintarse; pero no sé lo que pensaría Ibn Hafsún, nacido muy cerca de aquí, en una alquería llamada La Torricela, o qué pensaría el guerrillero García, y hasta si me apuras, qué pensaría el mismísimo Fernando VII de todo esto.

Imagínatelo.

Tanto azul suavecito, de tarta infantil, me repele como color que es para ahuyentar mosquitos, así que apenas llego, ya estoy deseando marcharme para zumbar por otra parte.

Nada más puedo contarte del maquillado Júzcar. Sólo te diré que acudí a su Ayuntamiento en busca de información histórica y no había: sólo un folleto, pintado de azul, donde se descubrían las bondades del *Pitufato,* regaladas a un pueblo que ha dejado de ser bello para convertirse en bonito.

Epílogo

Escribiría hasta el fin de mis días sobre estas montañas que amo, pues tanto es lo que espera ser descubierto como lo que han intentado escondernos. Mi tintero está lleno de personajes, lugares y situaciones que he vivido y que quisieran salir de su negra piscina y extenderse por páginas y páginas. Pero dejo esta tarea para otros que también pueden vivirlas, pues hace mucho calor este verano y me parece que merezco un poco de mar.

Como Juan el Bautista, me conformo con haber abierto, con estos modestos viajes, un agujero que podrá ser agrandado por quienes quisieran adentrarse en las historias que persisten al lado oculto de Al Ándalus, en el seno de los montes de maravilla que todavía lo defienden: anuncio la buena nueva de una Odisea ignorada que está esperando el ordenador de un Homero con mochila para salvarla del olvido. Ojalá que llegue pronto ese salvador a quien entregue la antorcha, y alivie así mi fatiga, antes de que llegue esa negra Salomé que a todos nos espera.

O que sean muchos los salvadores *letraheridos*, que la mies que falta por segar es *más mucha*, como diría Don Miguel.

Mientras tanto, y en consecuencia: para que se reúnan, cuadren y se divulguen todas las piezas ignoradas o ninguneadas del Al Ándalus que llega hasta nuestros días, invito a quien se sienta con ánimo y fuerzas a completar una segunda, o tercera, o cuarta parte de estos viajes que he podido realizar a bordo de *Rocinante*. Cuya salud, pese a los muchos trotes, sigue siendo de hierro, y algo de ese hierro le da a la mía cada vez que con él me aventuro por las alturas andaluzas.

Robert Louis Stevenson dejó escrito que no necesitaba otra

cosa sino el cielo sobre su cabeza y un camino bajo sus pies. Eso nos ocurre a Rocinante y a mí. A medida que nos vamos haciendo mayores —pero gracias a Alá, el Generoso, seguimos sin oxidarnos—, estoy más de acuerdo con el escritor norteamericano —el Magnífico, el Maravilloso—, a quien profeso mi más enfervorizada devoción.

Steinbeck, por su parte, tras adentrarse en su década de los cincuenta, sufrió un infarto que le decidió a abandonarlo todo, comprarse una caravana, meter en ella a un perro y escribir una delicia, Viajes con Charlie (nombre del chucho), para descubrir el opaco mundo rural de los Estados Unidos antes de que la Parca cerrara el relato de su vida, cosa que, lamentablemente, ocurrió pocos años después.

Salvando las distancias, yo he hecho algo parecido, aunque lo de *Rocinante*, como a buen manchego, se me ocurrió antes de leer el libro de Steinbeck, cuando ya llevaba un buen trecho viajado. Y te aseguro que estos viajes míos, con o sin *Chulín*, me han hecho ver la vida como si acabara de ingresar en ella, y sin prisa ninguna por salir.

No puedo hacer otra cosa sino dar las gracias, sobre todo, al contacto que he tenido la suerte de establecer con la gente más noble, íntegra y limpia que he conocido nunca: los herederos de un Al Ándalus que, protegido por la maternidad de sus montañas, se niega rotundamente a desaparecer.

Se han querido cubrir con un tupido velo, como suele decirse, los hechos más amargos que ocurrieron en estas montañas andalusíes, del mismo modo que se han tratado de ignorar los que siguen sucediendo. Pero las cosas son como son, pese a los que quisieran que hubieran sido diferentes, o a los que las pintan con suaves colores: es inútil ocultar la trayectoria de una bala, los muertos gritan siempre desde sus cunetas para ayudarnos a localizarlos.

Steinbeck me daría la razón si digo que hay que quitar la cal viva y la mugre con que han cubierto la terrible historia de los moriscos, tanto los que se fueron como los que se quedaron. Del mismo modo, y por las mismas razones, hay que rescatar a los muertos de las fosas, donde no pueden descansar, y devolverles la voz: ellos se lo merecen y nosotros lo necesitamos.

Los antiguos egipcios borraban de sus monumentos el nombre y el rostro de los faraones que les precedieron, si por los motivos que fuesen los odiaban. Hay que ser muy miserable para repetir esa experiencia, como hay que ser muy mala persona para mirar a otro lado si aparecen las huellas de la infamia.

Cuando rescatemos el nombre y los restos de los fusilados y enterrados como a bestias, nos daremos cuenta de que debemos retroceder muchas generaciones y hacer lo mismo con los humillados protagonistas de estas páginas; pues muchos de ellos nos precedieron en la cultura y en la vida.

Sólo así recuperaremos esas señas de identidad que nos han robado y seremos no sé si más felices, pero sí un poco más libres.

Testimonios y documentos

CAPITULACIONES ENTRE BOABDIL Y LOS REYES CATÓLICOS (1492)

Extracto publicado en su boletín informativo por el Ayuntamiento de Granada:

Primeramente, que el rey moro y los alcaides y alfaquís, cadís, meftís, alguaciles y sabios, y los caudillos y hombres buenos, y todo el comun de la ciudad de Granada y de su Albaicin y arrabales, darán y entregarán á sus altezas ó á la persona que mandaren, con amor, paz y buena voluntad, verdadera en trato y en obra, dentro de cuarenta dias primeros siguientes, la fortaleza de la Alhambra y Alhizán, con todas sus torres y puertas, y todas las otras fortalezas, torres y puertas de la ciudad de Granada y del Albaicin y arrabales que salen al campo, para que las ocupen en su nombre con su gente y a su voluntad, con que se mande á las justicias que no consientan que los cristianos suban al muro que está entre el Alcazaba y el Albaicin, de donde se descubren las casas de los moros; y que si alguno subiere, sea luego castigado con rigor.

Que cumplido el término de los cuarenta dias, todos los moros se entregarán á sus altezas libre y espontáneamente, y cumplirán lo que son obligados á cumplir los buenos y leales vasallos con sus reyes y señores naturales; y para seguridad de su entrega, un dia antes que entreguen las fortalezas darán en rehenes al alguacil Jucef Aben Comixa, con quinientas personas hijos y hermanos de los principales de la ciudad y del Albaicin y arrabales, para que estén en poder de sus altezas diez dias, mientras se entregan y aseguran las fortalezas, poniendo en ellas gente y bastimientos; en el cual tiempo se les dará todo lo que hubieren menester para su sustento; y entregadas, los pornán en libertad.

Que siendo entregadas las fortalezas, sus altezas y el príncipe don Juan, su hijo, por sí y por los reyes sus sucesores, recibirán por sus vasallos naturales, debajo de su palabra, seguro y amparo real, al rey Abí Abdilehi, y á los alcaides, cadís, alfaquís, meftís, sabios, alguaciles, caudillos y escuderos, y á todo el comun, chicos y grandes, así hombres como mujeres, vecinos de Granada y de su Albaicin y arrabales, y de las fortalezas, villas y lugares de su tierra y de la Alpujarra, y de los otros lugares que entraren debajo deste concierto y capitulación, de cualquier manera que sea, y los dejarán en sus Casas, haciendas y heredades, entonces y en todo tiempo y para siempre jamás, y no les consentirán hacer mal ni daño sin intervenir en ello justicia y haber causa, ni les quitarán sus bienes ni sus haciendas ni parte dello; antes serán acatados, honrados y respetados de sus súbditos y vasallos, como lo son todos los que viven debajo de su gobierno y mando.

Que el día que sus altezas enviaren á tomar posesión de la Alhambra, mandarán entrar su gente por la puerta de Bib Lacha ó por la de Bibnest, ó por el campo fuera de la ciudad, porque entrando por las calles no hayan algun escándalo.

Que el dia que el rey Abí Abdilehi entregare las fortalezas y torres, sus altezas le mandarán entregar á su hijo con todos los rehenes, y sus mujeres y criados, excepto los que se hubieren vuelto cristianos.

Que sus altezas y sus sucesores para siempre jamás dejarán vivir al rey Abí Abdilehi y á sus alcaides, cadís, meftís, alguaciles, caudillos y hombres buenos y á todo el comun, chicos y grandes, en su ley, y no les consentirán quitar sus mezquitas ni sus torres ni los almuedanes, ni les tocarán en los habices y rentas que tienen para ellas, ni les perturbarán los usos y costumbres en que están.

Que los moros sean juzgados en sus leyes y causas por el derecho del xara que tienen costumbre de guardar, con parecer de sus cadís y jueces.

Que no les tomarán ni consentirán tomar agora åni en ningun tiempo para siempre jamás, las armas ni los caballos, excepto los tiros de pólvora chicos y grandes, los cuales han de entregar brevemente á quien sus altezas mandaren.

Que todos los moros, chicos y grandes, hombres y mujeres, así de Granada y su tierra como de la Alpujarra y de todos los lugares, que quisieren irse á vivir á Berbería ó á otras partes donde les pareciere, puedan vender sus haciendas, muebles y raíces, de cualquier manera que sean, á quien y como les pareciere, y que sus altezas ni sus sucesores en ningun tiempo las quitarán ni consentirán quitar á los que las hubieren comprado; y que si sus altezas las quisieren comprar, las puedan tomar por el tanto que estuvieren igualadas, aunque no se hallen en la ciudad, dejando personas con su poder que lo puedan hacer.

Que á los moros que se quisieren ir á Berbería ó á otras partes les darán sus altezas pasaje libre y seguro con sus familias, bienes muebles, mercaderías, joyas, oro, plata y todo género de armas, salvo los instrumentos y tiros de pólvora; y para los que quisieren pasar luego, les darán diez navíos gruesos que por tiempo de setenta dias asistan en los puertos donde los pidieren, y los lleven libres y seguros á los puertos de Berbería, donde acostumbran llegar los navíos de mercaderes cristianos á contratar. Y demás desto, todos los que en término de tres años se quisieren ir, lo puedan hacer, y sus altezas les mandarán dar navíos donde los pidieren, en que pasen seguros, con que avisen cincuenta dias antes, y no les llevarán fletes ni otra cosa alguna por ello.

Que pasados los dichos tres años, todas las veces que se quisieren pasar á Berbería lo puedan hacer, y se les dará licencia para ello pagando á sus altezas un ducado por cabeza y el flete de los navíos en que pasaren.

Que si los moros que quisieren irse á Berbería no pudieren vender sus bienes raíces que tuvieren en la ciudad de Granada y su Albaicin y arrabales, y en la Alpujarra y en otras partes, los puedan dejar encomendados á terceras personas con poder para cobrar los réditos, y que todo lo que rentaren lo puedan enviar á sus dueños á Berbería donde estuvieren, sin que se les ponga impedimento alguno.

Que no mandarán sus altezas ni el príncipe don Juan su hijo, ni los que después dellos sucedieren, para siempre jamás, que los moros que fueren sus vasallos traigan señales en los vestidos como los traen los judíos.

Que el rey Abdilehi ni los otros moros de la ciudad de Granada ni de su Albaicin y arrabales no pagarán los pechos que pagan por razon de las casas y posesiones por tiempo de tres años primeros siguientes, y que solamente pagarán los diezmos de agosto y otoño, y el diezmo de ganado que tuvieren al tiempo del dezmar, en el mes de abril y en el de mayo, conviene á saber, de lo criado, como lo tienen de costumbre pagar los cristianos.

Que al tiempo de la entrega de la ciudad y lugares, sean los moros obligados á dar y entregar á sus altezas todos los captivos cristianos varones y hembras, para que los pongan en libertad, sin que por ellos pidan ni lleven cosa alguna; y que si algun moro hubiere vendido alguno en Berbería y se lo pidieren diciendo tenerlo en su poder, en tal caso, jurando en su ley y dando testigos como lo vendió antes destas capitulaciones, no le será mas pedido ni él esté obligado á darle.

Que sus altezas mandarán que en ningun tiempo se tomen al rey Ahí Abdilehi ni á los alcaides, cadís, meftís, caudillos, alguaciles ni escuderos las bestias de carga ni los criados para ningun servicio, si no fuere con su voluntad, pagándoles sus jornales justamente.

Que no consentirán que los cristianos entren en las mezquitas de los moros donde hacen su zalá sin licencia de los alfaquís, y el que de otra manera entrare será castigado por ello.

Que no permitirán sus altezas que los judíos tengan facultad ni mando sobre los moros ni sean recaudadores de ninguna renta.

Que el rey Abdilehi y sus alcaides, cadís, alfaquís, meftís, alguaciles, sabios, caudillos y escuderos, y todo el comun de la ciudad de Granada y del Albaicin y arrabales, y de la Alpujarra y otros lugares, serán respetados y bien tratados por sus altezas y ministros, y que su razón será oida y se les guardarán sus costumbres y ritos, y que á todos los alcaides y alfaquís les dejarán cobrar sus rentas y gozar de sus preeminencias y libertades, como lo tienen de costumbre y es justo que se les guarde.

Que sus altezas mandarán que no se les echen huéspedes ni se les tome ropa ni aves ni bestias ni bastimentos de ninguna suerte á los moros sin su voluntad.

Que los pleitos que ocurrieren entre los moros serán juzgados por su ley y xara, que dicen de la Zuna, y por sus cadís y jueces, como lo tienen de costumbre, y que si el pleito fuere entre cristiano y moro, el juicio dél sea por alcalde cristiano y cadí moro, porque las partes no se puedan quejar de la sentencia.

Que ningun juez pueda juzgar ni apremiará ningun moro por

delito que otro hubiere cometido, ni el padre sea preso por el hijo, ni el hijo por el padre, ni hermano contra hermano, ni pariente por pariente, sino que el que hiciere el mal aquel lo pague.

Que sus altezas harán perdon general á todos los moros que se hubieren hallado en la prisión de Hamete Abí Alí, su vasallo, y asi á ellos como á los lugares de Cabtil, por los cristianos que han muerto ni por los deservicios que han hecho á sus altezas, no les será hecho mal ni daño, ni se les pedirá cosa de cuanto han tomado ni robado.

Que si en algun tiempo los moros que están captivos en poder de cristianos huyeren á la ciudad de Granada ó á otros lugares de los contenidos en estas capitulaciones, sean libres, y sus dueños no los puedan pedir ni los jueces mandarlos dar, salvo si fueren canarios ó negros de Gelofe ó de las islas.

Que los moros no darán ni pagarán á sus altezas mas tributo que aquello que acostumbran á dar á los reyes moros.

Que á todos los moros de Granada y su tierra y de la Alpujarra, que estuvieren en Berbería, se les dará término de tres años primeros siguientes para que si quisieren puedan venir y entrar en este concierto y gozar dél. Y que si hubieren pasado algunos cristianos captivos á Berbería, teniéndolos vendidos y fuera de su poder, no sean obligados a traerlos ni á volver nada del precio en que los hubieren vendido.

Que si el Rey ti otro cualquier moro después de pasado a Berbería quisiere volverse A España, no le contentando la tierra ni el trato de aquellas partes, sus altezas les darán licencia por término de tres años para poderlo hacer, y gozar destas capitulaciones como todos los demás.

Que si los moros que entraren debajo destas capitulaciones y conciertos quisieren ir con sus mercaderías A tratar y contratar en Berbería, se les dará licencia para poderlo hacer libremente, y lo mesmo en todos los lugares de Castilla y de la Andalucía, sin pagar portazgos ni los otros derechos que los cristianos acostumbran pagar.

Que no se permitirá que ninguna persona maltrate de obra ni de palabra á los cristianos ó cristianas que antes destas capitulaciones se hobieren vuelto moros; y que si algun moro tuviere alguna renegada por mujer, no será apremiada á ser cristiana contra su voluntad, sino que será interrogado en presencia de cristianos y de moros, y se seguirá su voluntad; y lo mesmo se entenderá con los niños y niñas nacidos de cristiana y moro.

Que ningun moro ni mora serán apremiados á ser cristianos contra su voluntad; y que si alguna doncella ó casada ó viuda, por razon de algunos amores, se quisiere tomar cristiana, tampoco será recebida hasta ser interrogada; y si hubiere sacado alguna ropa ó joyas de casa de sus padres ó de otra parte, se restituirá á su dueño, y serán castigados los culpados por justicia.

Que sus altezas ni sus sucesores en ningun tiempo pedirán al rey Abí Abdilehi ni á los de Granada y su tierra, ni á los demás que entraren en estas capitulaciones, que restituyan caballos, bagajes, ganados, oro, plata, joyas, ni otra cosa de lo que hubieren ganado en cualquier manera durante la guerra y rebelion, así de cristianos como de moros mudejares ó no mudejares; y que si algunos conocieren las cosas que les han sido tomadas, no las puedan pedir; antes sean castigados si las pidieren.

Que si algun moro hobiere herido ó muerto cristiano ó cristiana siendo sus captivos, no les será pedido ni demandado en ningun tiempo.

Que pasados los tres años de las franquezas, no pagarán los moros de renta de las haciendas y tierras realengas mas de aquello que justamente pareciere que deben pagar conforme al valor y calidad dellas.

Que los jueces, alcaldes y gobernadores que sus altezas hubieren de poner en la ciudad de Granada y su tierra, serán personas tales que honrarán á los moros y los tratarán amorosamente, y les guardarán estas capitulaciones; y que si alguno hiciere cosa indebida, sus altezas lo mandarán mudar y castigar.

Que sus altezas y sus sucesores no pedirán ni demandarán al rey Abdilehi ni á otra persona alguna de las contenidas en estas capitulaciones, cosa que hayan hecho, de cualquier condicion que sea, hasta el dia de la entrega de la ciudad y de las fortalezas.

Que níngun alcaide, escudero ni criado del rey Zagal no terná cargo ni mando en ningun tiempo sobre los moros de Granada.

Que por hacer bien y merced al rey Ahí Abdilehi y á los vecinos y moradores de Granada y de su Albaicin y arrabales, mandarán que todos los moros captivos, así hombres como mujeres, que estuvieren en poder de cristianos, sean libres sin pagar cosa alguna, los que se hallaren en la Andalucía dentro de cinco meses, y los que en Castilla dentro de ocho; y que dos dias después que los moros hayan entregado los cristianos captivos que hubiere en Granada, sus altezas les mandarán entregar doscientos moros y moras. Y demás desto pondrán en libertad á Aben Adrami, que está en poder de Gonzalo Hernandez de Córdoba, y á Hozmin, que está en poder del conde de Tendilla, y á Reduan, que lo tiene el conde de Cabra, y á Aben Mueden y al hijo del alfaquí Hademi, que todos son hombres principales vecinos de Granada, y á los cinco escuderos que fueron presos en la rota de Brahem Abenc errax, sabiéndose dónde están.

Que todos los moros de la Alpujarra que vinieren á servicio de sus altezas darán y entregarán dentro de quince días todos los captivos cristianos que tuvieren en su poder, sin que se les dé cosa alguna por ellos; y que si alguno es tuviere igualado por trueco que dé otro moro, sus altezas mandarán que los jueces se lo hagan dar luego.

Que sus altezas mandarán guardar las costumbres que tienen los moros en lo de las herencias, y que en lo tocante á ellas serán jueces sus cadís.

Que todos los otros moros, demás de los contenidos en este concierto, que quisieren venirse al servicio de sus altezas dentro de treinta dias, lo puedan hacer y gozar dél y de todo lo en él contenido, excepto de la franqueza de los tres años.

Que los habices y rentas de las mezquitas, y las limosnas y otras cosas que se acostumbran dar á las mudarazas y estudios y escuelas donde enseñan á los niños, quedarán á cargo de los alfaquís para que los destribuyan y repartan como les pareciere, y que sus altezas ni sus ministros no se entremeterán en ello ni en parte dello, ni mandarán tomarlas ni depositarías en ningun tiempo para siempre jamás.

Que sus altezas mandarán dar seguro á todos los navíos de Berbería que estuvieren en los puertos del reino de Granada, para que se vayan libremente, con que no lleven ningun cristiano cautivo, y que mientras estuvieren en los puertos no consentirán que se les haga agravio ni se les tomará cosa de sus haciendas; mas si embarcaren ó pasaren algunos cristianos captivos, no les valdrá este seguro, y para ello han de ser visitados a la partida.

Que no serán compelidos ni apremiados los moros para ningun servicio de guerra contra su voluntad, y si sus altezas quisieren servirse de algunos de á caballo, llamándolos para algun lugar de la Andalucía, les mandarán pagar su sueldo desde el día que salieren hasta que vuelvan á sus casas.

Que sus altezas mandarán guardar las ordenanzas de las aguas de fuentes y acequias que entran en Granada, y no las consentirán mudar, ni tomar cosa ni parte dellas; y si alguna persona lo hiciere, ó echare alguna inmundicia dentro, será castigado por ello.

Que si algun cautivo moro, habiendo dejado otro moro en prendas por su rescate, se hubiere huido á la ciudad de Granada ó á los lugares de su tierra, sea libre, y no obligado el uno ni el otro á pagar el tal rescate, ni las justicias le compelan á ello.

Que las deudas que hubiere entre los moros con recaudos y escrituras se mandarán pagar con efeto, y que por virtud de la mudanza de señorío no se consentirá sino que cada uno pague lo que debe.

Que las carnicerías de los cristianos estarán apartadas de las de los moros, y no se mezclarán los bastimentos de los unos con los de los otros; y si alguno lo hiciere, será por ello castigado.

Que los judíos naturales de Granada y de su Albaicin y arrabales, y los de la Alpujarra y de todos los otros lugares contenidos en estas capitulaciones, gozarán dellas, con que los que no hubieren sido cristianos se pasen á Berbería dentro de tres años, que corran desde 8 de diciembre deste año.

Y que todo lo contenido en estas capitulaciones lo mandarán sus altezas guardar desde el dia que se entregaren las fortalezas de la ciudad de Granada en adelante. De lo cual mandaron dar, y dieron su carta y provision real firmada de sus nombres, y sellada con su sello, y refrendada de Hernando de Zafra, su secretario, su fecha en el real de la vega de Granada, á 28 dias del mes de noviembre del año de nuestra salvación 1.491.

LA QUEMA DE LIBROS ISLÁMICOS

Transcribo a lenguaje actual la Real Carta de los Reyes Católicos, fechada en Granada el 12 de octubre de 1501.

A todos los corregidores y alcaldes, así de esta honrada y gran ciudad de Granada, como de las otras ciudades y villas y lugares de este dicho reino de Granada y otras cualesquiera persona a quien toca y atañe lo que en esta nuestra carta contenido está y a cada uno y cualquiera de vos, salud y gracia.

Bien sabéis cómo por la gracia de Nuestro Señor los moros que vivían y moraban en este dicho reino de Granada se convirtieron a nuestra santa fe católica, y porque en el tiempo que el dicho reino era poblado de moros tenían muchos libros falsos y de su secta falsa, los cuales deben ser quemados en el fuego porque de ellos no haya memoria y ninguno no tenga ocasión de errar, por ende mandamos dar esta nuestra carta en la dicha razón. Por la cual os mandamos que luego hagáis pregonar públicamente por las plazas y mercados y otros lugares acostumbrados de esta dicha ciudad y de las otras ciudades y villas y lugares de su reino que el día del dicho pregón hasta treinta días primeros siguientes traigan ante vos las dichas nuestras justicias todos los libros que en nuestra jurisdicción estuvieren, sin que ninguno quede del alcorán ni de la secta mahomética, y los hagáis quemar públicamente.

Y mandamos a cualesquiera personas en cuyo poder estuviesen los dichos libros, o de ellos supieren de cualquier manera, que dentro del dicho término os den y entreguen los dichos libros sin que de ellos les quede cosa alguna, so pena que aquel que tuviere libro y lo encubriere muera por ello y pierda todos su bienes.

Y porque lo susodicho sea notorio y ninguno no pueda pretender ignorancia, mandamos que esta nuestra carta sea pregonada públicamente por las plazas y mercados y otros lugares acostumbrados de esta dicha ciudad de Granada y de todas las otras ciudades y villas y lugares de su reino por pregonero y ante escribano público.

DESCRIPCIÓN DE MAHOMA

De *Coronica de los moros de España* (1613), por el padre fray Jaime Bleda, calificador de la Inquisición de Valencia:

Mahoma, engañador del mundo, Profeta falso, nucio de Satanás, el peor precursor del Antichristo, cumplimiento de todas las herejías, y prodigio de toda falsedad, como otro Hieroboan quitó diez partes de la casa de David, esto es, a la yglesia de Iesu Christo nuestro Señor. Este tan grande monstruo parió, y crió el Oriente, tan diforme, que en fealdad y fiereza excede a todos, los que divinamente fueron mostrados a Daniel, y a san Iuan Euangelista, para significar algún mal grauísimo. Y así todas las persecuciones más diabólicas que humanas, las tribulaciones, angustias y terrores, que le amenzaban antiguamente a los divinos Oráculos, a los que habría de vinir en los siglos venideros: todo lo que de desta materia leyamos hasta oy en el viejo y nuevo testamento, y en otras divinas predicciones, ya en figura de horrendos dragones, y bestias; ya en los movimientos estupendos de los cielos, y elementos, y de otras cosas; ya en hechos, y gestos insólitos de los espíritus celestiales, acarreó a la Christiandad aquella sangienta bestia, el enemigo de la Cruz de Christo, el dragón cruelísimo, sujetando infinitas Provincias con su aliento mortífero al veneno de la infidelidad, con el terror de las armas. ¿Quién no se doliera de la condenación de las infinitas almas, que aquel hijo de perdición llevó al infierno, y de cada día lleva, haziendo las herederas de su damnación?...

Etcétera.

TOCINO DE INFIERNO

La restrictiva *Pragmática* dictada por Carlos V en 1526, imponiendo severas limitaciones civiles y religiosas a los moriscos, fue la causa de la rebelión que estalló en Bentomiz en 1568, en el corazón de la Axarquía, y que fue secundada, incluso, por algunas personas de origen cristiano, solidarias con sus vecinos musulmanes.

Vázquez Rencifo, un escritor que en calidad de soldado fue testigo directo de los hechos, relata en su libro *Grandeza de la ciudad de Vélez y hechos notables de sus naturales*, cómo el capitán Antonio Pérez ordenó prender a un tal Juan Ponce, quien pese a ser cristiano viejo, y muy rico, formó parte activa de la rebelión con acciones destacadas, entre ellas la fortificación del Castillo de Frigiliana.

Preso se lo trajeron al presidio —escribe el soldado— *donde con gran piedad, caridad y buen tratamiento le regaló y amonestó* (el mencionado capitán) *que se arrepintiese de sus pecados y yerros que contra la Majestad Real había hecho en haberse revelado* (sic) *con los moros. Y como el capitán no hallaba algunos concejos, le rogó muy encarecidamente le diese aviso dónde podría hallar algunos, para que de él naciese alguna obra meritoria con que alcanzase perdón de su delito. Y porque no le pudo sacar cosa de provecho ni abrir la boca a hablar palabra que pareciese de cristiano, como de nación lo era, le hizo dar crueles y rigurosos tormentos. De los cuales fue uno de fuego, untándole las plantas de los pies con tocino y poniéndole cerca dellas brasas de fuego muy encendidas. Y algunos soldados que, condoliéndose dél, le rogaban dijese lo que el capitán le mandaba y nombrase a Dios Nuestro Señor y a la Virgen Santa María, no se pudo acabar con él a que lo dijese. Y con esto el capitán lo envió a la cárcel de esta ciudad* (Vélez), *y en ella lo vieron y doctrinaron sacerdotes. Y por no hallar en él palabra ni obra de cristiano, fue entregado a los muchachos, que le dieron la cruel muerte de cañas, con que públicamente fue acañaverado.*

Este suplicio consistía en atar al reo en la plaza pública para que un grupo de muchachos le clavaran cañas afiladas por donde quisieren, entre las burlas del pueblo y de ellos mismos —cabe suponer que con la saña de los adoctrinados hasta el paroxismo—, de modo que el reo moría lenta y dolorosamente desangrado.

UN GUERNICA SIN PICASSO

Los enemigos de la libertad, desde los Reyes Católicos a Francisco Franco, subyugaron con el mismo yugo, e hirieron con las mismas flechas, en sus intentos de transformar las montañas mágicas en montañas trágicas.

La Sauceda fue un Guernica que no tuvo un Picasso para plasmar su horror. En noviembre de 1936 fue salvajemente bombardeado hasta no dejar piedra sobre piedra, pues no quedó en pie nada, salvo parte de la fachada de una ermita. Luego, varias patrullas entraron en las ruinas y acabaron fusilando a casi todos los que habían sobrevivido al bombardeo.

Es ahora un paraje natural situado en el Parque de los Alcornocales, cerca del término municipal malagueño de Cortes de la Frontera, a donde acuden excursionistas de fin de semana, sin sospechar, la mayoría, que a poco que se escarbe pueden aparecer restos humanos de aquella masacre.

Este ensañamiento, en un lugar remoto y sin ningún valor estratégico, se debe a su simbolismo libertario, pues desde acabada la guerra de los moriscos sirvió de refugio a un nutrido grupo de quienes escaparon a las represiones y prefirieron sobrevivir de mala manera, pero respirando el aire libre de la sierra.

En ese grupo, encabezado por el ex capitán Pedro Machuca San Juan, se encontraban tanto soldados desertores como moriscos, judíos, gitanos, y cuantos, de uno y otro bando, consiguieron dejar atrás el horror. No dejaron de ser perseguidos, aunque lograron resistir, gracias sobre todo a las intrincadas condiciones de la zona, durante varios años.

Pero la situación se estaba haciendo cada vez más difícil, y a Pedro Machuca no se le ocurrió mejor cosa que pedir clemencia a Felipe II, de manera que, con fecha de 13 de mayo de 1590, el monarca recibió una carta escrita por el rebelde, entre otros, en estos términos:

«Yo, Pedro Machuca San Juan, capitán de su majestad, soy en verdad aquél a quién se conoce como Roque Amador de Mesa. En mi propio nombre y en el de mis ocho compañeros, cabezas de los demás desaforados que, hasta un total de trescientos, habitamos la dehesa conocida como La Sauceda, queremos haceros llegar este mensaje, fiados de vuestra piedad, comprensión y justicia. Los que aquí hemos venido llegando, desde hace veinte años, de una y otra manera nos hemos visto forzados a desahuciarnos de un mundo, que nos imponía un modo de proceder contrario a nuestra naturaleza humana. Desde entonces vivimos compartiendo el corazón de estos parajes con gentes sencillas, nativos vaqueros que permanecen fieles a las leyes de la Naturaleza, desde que Dios pusiera a los padres de sus padres en aquel mundo virginal de los orígenes del tiempo. Sin embargo, ya hace tiempo que esperamos el final de una situación a la que nos forzó

la injusticia de un mundo que no comprendemos ni compartimos... Por todo ello, cansados ya del daño que en contra de nuestra voluntad, venimos haciendo a caminantes y mercaderes y que, en gran parte, viene originado por las necesidades de abastecimiento de los propios prisioneros, hacemos súplica del perdón real, que de vuestra mano provenga y que, indulgente con nuestra forzada forma de proceder, ponga fin a esta situación desafuero...»

Lo sorprendente es que Felipe II accediera de buen grado a concederles el perdón que pedían y a dejarles en paz y en libertad.

Pero esa libertad no podían soportarla los aviadores de los bombarderos alemanes ni los fascistas que a pie, a caballo o motorizados, terminaron con ella en un largamente silenciado baño de sangre.

LOS QUE VINIERON DESPUÉS

Como no bastaron los cristianos viejos españoles para repoblar las regiones devastadas tras la expulsión, Felipe II, de la casa de Austria, recurrió a campesinos de aquel país.

Cinta Rosa Guil Redondo, maestra descendiente de una familia de colonos austríacos que vinieron a sustituir a los moriscos, ha escrito para este libro lo siguiente:

Según me contó mi padre, Sebastián Fernando Guil Ruiz, recogiendo hechos transmitidos oralmente en mi familia, generación tras generación, y comprobados documentalmente en archivos parroquiales de la época, mis antepasados procedían de una región montañosa de Austria.

Llegaron a las Alpujarras, concretamente al pueblo granadino de Huéneja, a raíz de una de las revueltas moriscas del siglo XVI en la que intervino para sofocarla don Juan de Austria.

Al ser especialistas en el cultivo de tierras escarpadas, colonizaron las posesiones de quienes fueron expulsados, igualmente montañosas.

Pero antes de llegar a la Corte madrileña, la numerosa familia fue diezmada por la peste a lo largo de su penoso viaje por media Europa.

Como consecuencia, sus escasos supervivientes recibieron de manos reales el dinero proporcionado a su número, según lo prometido; pero habida cuenta de la desgracia que se cebó en mi familia, Felipe II creó una dote para sus descendientes primogénitas y huérfanas, de acuerdo a una disposición que ha seguido vigente hasta nuestros días.

Su última aplicación se realizó en la década de los cincuenta del pasado siglo, en la persona de una tía lejana mía que reunía las condiciones recogidas en la citada ley.

LA PEREGRINACIÓN DE BLAS INFANTE

Fragmentos de varios manuscritos en los que el Padre de la Patria Andaluza relata su viaje a Agmhat, en Marruecos, en 1924 —un momento convulso de guerras coloniales—, para rendir allí homenaje a la tumba de al-Mutamid, último rey de Sevilla:

Más de un millón de hermanos nuestros, de andaluces expulsados inicuamente de su solar —las causas de los pueblos jamás prescriben— hay esparcidos desde Tánger a Damasco, según comunicaba hace un año uno de nuestros más esforzados paladines, el infatigable y culto Gil Benumeya. El recuerdo de la Patria (...) lejos de esfumarse, se aviva cada día. Ellos constituyen, con el reconocimiento de los pueblos fraternos, que los mantienen en su hospitalidad, la élite de la sangre y del espíritu de esos países. Yo he convivido con ellos, he sufrido con ellos, he aspirado con ellos la esperanza de nuestra común redención porque esta redención o será común o no será nunca.

El año 1924 me determiné a reanudar las peregrinaciones que nuestros padres hicieron durante algún tiempo a la tumba de uno de los hombres más representativos del espíritu de nuestra tierra, Abul-Qasim ibn Abbad, rey verdadero de Sevilla, Córdoba, Málaga y el Algarbe. El último peregrino había sido un hijo de mi serranía de Ronda, Aljatib, ministro del sultán de Granada, en el siglo XIV. Seis siglos sin que Andalucía enviase ya su «saudad» por uno de sus hijos al sepulcro del Rey poeta que murió en el destierro lejano invocándola en sus versos dolorosos.

Merced a una serie de coincidencias afortunadas (…) pude llegar a encontrar la tumba del Rey en el derruido cementerio de Agmhat, al sur de Marraquech, en la vertiente sobre Marruecos del Alto Atlas.

En mi viaje, me acompañaba un intrépido muchacho catalán, gran espíritu, hoy residente en Oporto. Llegamos a Agmhat el día 15 de septiembre. Allí no había europeos, civiles o militares cuyas líneas francesas habíamos dejado atrás».

«Solos, con un guía que nos prestó una kabila próxima y un intérprete oraní, sin cartas de presentación ni de referencia, no llevábamos más armas ni más guardas ni más brújula que nuestro entusiasmo y el nombre de Al Ándalus que desvanecía rece*los, apaciguaba las irritaciones que nuestra audacia despertó alguna vez y nos abría las puertas de aquellos campesinos montañeses que tan pródigos fueron en su hospitalidad».*

«Fue (al-Mutamid) *el último Rey indígena que representó digna y brillantemente una Nacionalidad y una cultura intelectual que sucumbieron bajo la dominación de los bárbaros invasores. Túvose por él una especie de predilección como por el más joven, como por el benjamín de esta numerosa familia de príncipes poetas que habían reinado en el Andalus. Se le echó de menos como a la última rosa de la primavera.*

Ni los cristianos del Norte ni los fundamentalistas del Sur eran andaluces. Si la opinión vulgar admite y repite el carácter extranjero de las huestes africanas, debiera en lógica simetría llamar igual a aquellos «ifranyi», que se decían herederos de la Bética cuando descendían a gritos de los bárbaros invasores godos que hundieron Roma. Tomás de Aquino llegó a Aristóteles gracias a nuestro Averroes. Todo un símbolo. Y el Dante…

Caminando hacia el Sur, en la desierta llanura mogrebina, se aparece la enorme ciudad de Marrakech, como el centro de un oasis rodeado de palmeras, al pie del Alto Atlas que se extiende más allá de la ciudad, a lo largo del horizonte como una rígida muralla bermeja, primera de la ciudadela de montañas que, antes del gran desierto, defiende los senos africanos.

La Kutubia se adelanta en la visión ofreciéndome una emoción de hogar, anulando ante mi sensibilidad motivos o impresiones de extranjería (…). Una asociación de ideas modula y contesta la pregunta de la grácil torre acerca de sus dos únicas hermanas en la familia de las grandes torres almohades: la sevillana Giralda cubierta con el gorro del cautiverio de la pesada cúpula cristiana que sustituye el airón del minarete y la inconclusa que parece mutilada rabatí de Muley Hasan.

Yo no soy forastero en Marrakech. Los moros andaluces predominan en la constitución étnica de la medina musulmana. Presidiendo la soterrada construcción psíquica que mi recuerdo excava ahora, los espíritus de los andaluces ilustres inspiradores de los Califas más cultos del Mogreb que aquí tuvieron su centro imperial, la sombra acogedora de Ibn Tufail, el insuperable viviente hijo del vigilante, discierne aún hospitalidad a los peregrinos que vienen de su tierra andaluza (…). El pensamiento de Averroes (…) La silueta dulce de Ibn Arabi musita esta inquietante plegaria en la Puerta de la Ciudad (…) Marrakech es para mi peregrinación, el límite de la tierra Santa, del Templo. En las formas de mi espíritu, ahora, los ritos viven. El alma ahora tiene oración, se ha encendido un religioso fervor. Ha vestido el «hizam» del «alhinchante» (peregrino). Hago una ablución en la fuente de la historia, con fecundos valores, hijos de una cultura que se pretendió cegar y que se hizo subterránea y de oscuro discurso.

Y lo más particular es que en los términos o realidades subjetivas que se desarrollaron en mi peregrinación a Agmhat, averiguo actos interiores que se expresaron con autenticidad gracias a las ceremonias o exterioridades del Ritual de los Alhiches (peregrinos) a la casa de Dios, la prohibida, la Caaba. Es decir, que, inversamente, los ritos muslímicos de la peregrinación a la Meca, son para mí la traducción mágica en actos materiales, o la aprehensión mimética externa (sin sentido para algunos como tales exterioridades culturales de cumplimiento mecánico) de hechos interiores plenos de significado profundo, expresivos del dinamismo espiritual que se verifica durante el transcurso de toda verdadera peregrinación.

La historia del Islam peninsular ha sido descuidada durante mucho tiempo por el historiador profesional, el medievalista; quizás como resultado de la pervivencia, a través del nacionalismo (español) moderno de la vieja idea de «reconquista», que tendía a considerar la presencia del Islam en la península como un accidente incapaz de sustentar derechos adquiridos de ningún tipo. Esto, unido a la falta de documentación adecuada, justifica el retraso de la investigación histórica sobre al-Andalus.

«UN PUEBLO LLENO DE FE, PERO FALTO DE LUZ»

Alocución de Federico García Lorca que con el título de *Medio pan y un libro* dio en su pueblo natal de Fuente Vaqueros, en septiembre de 1931:

Cuando alguien va al teatro, a un concierto o a una fiesta de cualquier índole que sea, si la fiesta es de su agrado, recuerda inmediatamente y lamenta que las personas que él quiere no se encuentren allí. «Lo que le gustaría esto a mi hermana, a mi padre», piensa, y no goza ya del espectáculo sino a través de una leve melancolía.

Ésta es la melancolía que yo siento, no por la gente de mi casa, que sería pequeño y ruin, sino por todas las criaturas que por falta de medios y por desgracia suya no gozan del supremo bien de la belleza que es vida y es bondad y es serenidad y es pasión.

Por eso no tengo nunca un libro. Porque regalo cuantos compro, que son infinitos, y por eso estoy aquí honrado y contento de inaugurar esta Biblioteca del pueblo, la primera seguramente en toda la provincia de Granada.

No sólo de pan vive el hombre. Yo, si tuviera hambre y estuviera desvalido en la calle no pediría un pan; sino que pediría medio pan y un libro. Y yo ataco desde aquí violentamente a los que solamente hablan de reivindicaciones económicas sin nombrar jamás las reivindicaciones culturales que es lo que los pueblos piden a gritos.

Bien está que todos los hombres coman, pero que todos los hombres sepan. Que gocen todos los frutos del espíritu humano porque lo contrario es convertirlos en máquinas al servicio de Estado, es convertirlos en esclavos de una terrible organización social.

Yo tengo mucha más lástima de un hombre que quiere saber y no puede, que de un hambriento. Porque un hambriento puede calmar su hambre fácilmente con un pedazo de pan o con unas frutas, pero un hombre que tiene ansia de saber y no tiene medios, sufre una terrible agonía porque son libros, libros, muchos libros los que necesita y ¿dónde están esos libros?

¡Libros!¡Libros!

Hace aquí una palabra mágica que equivale a decir: «amor, amor», y que debían los pueblos pedir como piden pan o como anhelan la lluvia para sus sementeras.

Cuando el insigne escritor ruso Dostoievsky, padre de la revolución rusa mucho más que Lenin, estaba prisionero en la Siberia, alejado del mundo, entre cuatro paredes y cercado por desoladas llanuras de nieve infinita; y pedía socorro en carta a su lejana familia, sólo decía: «¡Enviadme libros, libros, muchos libros para que mi alma no muera!». Tenía frío y no pedía fuego, tenía terrible sed y no pedía agua: pedía libros, es decir, horizontes, es decir, escaleras para subir la cumbre del espíritu y del corazón. Porque la agonía física, biológica, natural, de un cuerpo por hambre, sed o frío, dura poco, muy poco, pero la agonía del alma insatisfecha dura toda la vida.

Ya ha dicho el gran Menéndez Pidal, uno de los sabios más verdaderos de Europa, que el lema de la República debe ser: «Cultura». Cultura porque sólo a través de ella se pueden resolver los problemas en que hoy se debate el pueblo lleno de fe, pero falto de luz.

LOS DUEÑOS Y LOS PARIAS DE ANDALUCÍA

En abril de 2015, Lidia Falcón publicó en el periódico digital *El Público* un artículo del que extraigo los siguientes datos, resultantes actuales de la brutal conquista castellana de Al Ándalus:

- En 2011, existían en el Reino de España 2.874 títulos nobiliarios aproximadamente, en posesión de 2.205 personas. De éstos, cerca de 400 poseen la distinción de Grandes de España (representada por el Consejo de la Diputación Permanente de la Grandeza de España). Solo entre diez de las mayores casas ducales (Alba, Alburquerque, Fernán Núñez, Infantado, Borbón, Medinaceli, Medina Sidonia,

Osuna, Peñaranda y Villahermosa) suman unos 199 títulos (36 ducados). Ciertamente no todos poseen grandes latifundios, y muchos ni siquiera viven de sus bienes, pero esas casas ducales, y otras como marquesados, condados y señoríos poseen en Andalucía más de la mitad de las tierras cultivables, aunque muchos ni siquiera las cultiven. Lo que significa, en estos tiempos de Unión Europea, que reciben de la Política Agrícola Común la mayor cantidad de las subvenciones destinadas a España.

- La Duquesa de Alba, con un patrimonio estimado —y mal estimado puesto que solamente en obras de arte se le suponen 1.500 millones de euros— en 2.500 millones de euros, era la mayor receptora de ayudas económicas obtenidas de los impuestos de los ciudadanos europeos, entre los que también se cuentan los andaluces.
- En 1948 Cayetana Stuart invitó a 2.500 personas con un coste de 20 millones de pesetas de entonces (que en 1998 la revista ¡Hola! tradujo a 500 millones en dinero de ese año), decenas de miles de personas en las calles y una luna de miel que duró seis meses por Europa, México, EEUU y Cuba.
- Ninguna de las propiedades de la duquesa de Alba ha sufrido nunca mermas, antes al contrario, y su patrimonio gozó de la protección que el franquismo ofrecía a todos los que se contaban en esa clase social. Privilegios, riquezas, patrimonio, rentas y beneficios que todos los gobiernos de la democracia le han respetado, como a los demás aristócratas.
- No se conoce con certeza la verdadera dimensión del patrimonio de la familia de la Casa de Alba de Tormes dentro y fuera de España. Se sabe, por ejemplo, que sus actuales titulares, los Fitz-James Stuart, son dueños de decenas de castillos y palacios, miles de hectáreas agrícolas, propiedades inmobiliarias, mobiliarias, una de las colecciones de arte más importante de España, y una espectacular biblioteca y archivo que conserva algunos de los documentos más importantes de la historia de España, acumulados a lo largo de los ya más de 540 años de historia de la familia.

- La división de la riqueza en Andalucía se reparte entre una primera fracción, integrada por los grandes terratenientes, que, formando alianza con el gran capital español no andaluz e, incluso, con el internacional, extendió su dominio e intereses a sectores de la banca y la industria. Una segunda fracción está formada por los grandes terratenientes que habían modernizado sus explotaciones agrarias, constituyendo en muchos casos empresas capitalistas mayoritariamente en forma de sociedades anónimas. Finalmente, la tercera fracción de la gran burguesía terrateniente está constituida por los grandes propietarios latifundistas que no supieron o no quisieron modernizar sus explotaciones. De tal modo el descenso de los productos agrícolas y el alza relativa de los salarios hicieron descender la rentabilidad de sus tierras, ante lo que optaron por cultivarlas deficientemente, abandonarlas o convertirlas en cotos de caza.
- La Segunda República española llevó a cabo una serie de medidas destinadas a atender la grave situación del campesinado. Los salarios, seguían siendo de auténtica miseria. Por comparación véase que la proporción en la agricultura en Andalucía era de 2,5 y en Cataluña de 6,5. El jornal medio ponderado entre agricultura, servicios e industria era de 9 para Cataluña y de 3,5 para Andalucía.
- En la Andalucía republicana se desarrolló un proceso de colectivizaciones, que tuvo su origen en la puesta en práctica de la Ley de Arrendamientos Colectivos de 1931 y que se afianzó con el nombramiento, en septiembre de 1936, del comunista Uribe como ministro de Agricultura, quien dictó un decreto en virtud del cual se legalizaban las ocupaciones de tierras otorgando la propiedad a los campesinos que las trabajaban.
- Jaén fue la provincia donde más colectivizaciones se establecieron. La represión que, entre 1936 y 1945, y en interés de la oligarquía agraria, llevó a cabo el nuevo régimen permitió a los propietarios explotar impunemente la mano de obra jornalera. Las condiciones de vida de los jornaleros empeoraron considerablemente; a condiciones labo-

rales explotadoras y altamente precarizadas, se sumó una bajada en picado de los jornales, cuyo valor descendió un 40% entre 1940 y 1950.

- En esta situación de derrota político-militar de las clases proletarias, de imposibilidad de lucha política ni social, de sobreexplotación laboral y de pésimas condiciones de vida, a la población campesina no le quedó más salida que el exilio. Se calcula que unos 700.000 campesinos andaluces emigraron durante la década de los cincuenta.
- Este éxodo campesino se incrementó durante la década de los sesenta y mediados de la de los setenta. En torno a un millón de andaluces emprendieron durante este período el camino de la emigración.
- A finales de la década de los sesenta, las pésimas condiciones de vida de los campesinos andaluces dieron lugar a diversas protestas jornaleras, como las que tuvieron lugar en Morón, Jerez y Lebrija. Como respuesta a estas protestas y con el fin de garantizar el *statu quo* sin tener que recurrir al uso de la fuerza policial, en 1971 se creó el empleo comunitario, como una forma de paliar las sangrantes situaciones de desempleo y de vida padecidas por los jornaleros. El «comunitario» tuvo como resultado desviar la lucha de clases de la reivindicación de la tierra hacia la petición de aumentos de fondos del empleo comunitario. Buena parte de las movilizaciones campesinas, que repuntaron y se intensificaron en este período, se centraron en esta petición, orillando la reivindicación de la tierra, reivindicación que históricamente había sido central en la identidad y la conciencia de clase de los jornaleros andaluces.
- En el primer quinquenio de los ochenta se creó el subsidio de desempleo agrario y se implantó el Plan de Empleo Rural, PER, como medidas asistencialistas para garantizar a los campesinos un mínimo nivel de vida y «pacificar» el campo andaluz, pretiriendo el reparto de la tierra.
- Estas acciones se desarrollaron en el contexto de la discusión y aprobación de la Reforma Agraria del Gobierno Andaluz de 1984 y estaban dirigidas a reivindicar una

«auténtica Reforma Agraria». La mayoría de las movilizaciones estaban relacionadas con el subsidio agrario, el PER, y tenían como objetivo la demanda de más fondos, de la reducción de las *peonás* exigidas para cobrarlo y de una normativa menos rígida. Son muy escasas las luchas centradas en la reivindicación del derecho al trabajo y la protesta contra la situación de paro.

LOS POETAS *ROJOS*

Hubo un hecho que me llenó de orgullo. En junio de 2011, dos meses antes, día por día, del 75 aniversario del asesinato de García Lorca, un grupo de poetas, casi todos madrileños de adopción, decidimos acudir al Barranco de Víznar, donde fue fusilado, para dar allí un recital. Por cuestiones ineludibles me fue imposible sumarme al acto, pero se leyó un poema mío, «La calle del delfín amarillo», que se refiere a dicho crimen. En plena lectura, los ocupantes de un coche que en esos momentos pasaba por allí gritaron ¡*Rojos de mierda!* Semejante rebuzno lo considero el más importante premio literario que he recibido en mi vida.

El poema decía así:

A Federico García Lorca le hubiera gustado
Escuchar «La calle del delfín amarillo»
Que ahora mismo estoy escuchando
Con esa rabia insobornable de Tete Montoliu
Desafiando todo el pasado de la música
Con un simple piano.
También le hubiera gustado
No morir en aquel barranco, maldito barranco,
sino en la cima de un pájaro con las alas abiertas,
O en el silencio de las catedrales sumergidas,
O en la gota inocente de la sangre de un pato.
Yo sé que Federico García,

Cuando volvió de Nueva York,
De los garitos de jazz donde regalan escaleras
para subir al cielo,
Se trajo un convenio con el otro mundo,
Un salvoconducto
Para transitar por las estrellas
como Pedro por su música,
Para venir a mi casa, a tu casa y a la de todos
Cuando le diera la gana,
Para ver tus ojos mientras lees sus poemas,
Para darse cuenta de la maravillosa levedad de todo.
Si Federico García no hubiera muerto
en ese barranco, maldito barranco,
Tan cerca de las lunas de su tierra,
Tan lejos de los brazos
de ese amado bellamente fingido,
De sus labios verdes
Como el rocío de la mañana en las hojas de los olivos,
Si no hubiera muerto
Nos hubiera enseñado el arte de levitar
Sobre las espirales de la música,
Sobre el humo del desengaño,
Sobe las brasas que arden melancólicamente
Cuando la mano que las encendió se ha ido,
Cuando la mano que las encendió nos agarrota el corazón
Hasta exprimirle música.
Si no hubiera muerto Federico García
En el minuto intenso de esta tarde de junio,
Entre las notas deliciosas
De nuestro ciego más iluminado,
En el balcón abierto donde se asoma un limonero,
Si no hubiera muerto,
(Mas quién me asegura que hubiera muerto
y no estuviera ahora
oyendo por internet la delicia que yo estoy oyendo, comentando conmigo este poema,
Regalándome su risa de bayadera en celo,
De viento sobre un mar recién nacido)

Si no hubiera muerto, digo,
Si no hubiera muerto,
Los huesos ignorados que esta tierra,
Tan llena de vergüenza, oculta, tal vez para siempre,
No existirían, como ya no puede existir la primavera,
Ni el sueño esplendoroso de los hombres que gimen
Tras una libertad que nunca alcanzan,
Ni la palabra, Federico,
esa palabra que nadie ha descubierto
Donde se esconde el mundo, triste, triste, tan triste
por haberte perdido.

Bibliografía

Alí, Tarik, *A la sombra del granado.* Alianza Editorial, Madrid.

Asín Palacios, Miguel, *El Islam cristianizado.* Libros Hiperión, Madrid.

Al-Sacundi, *Elogio del Islam español,* traducción de Emilio García Gómez. Editorial Maxtor, Valladolid.

Arabi, Ibn, *Los sufís de Andalucía.* Editorial Sirio, Málaga.

Barrios, Manuel, *Ronda de los bandoleros.* Fundación José Manuel Lara, Sevilla.

Bernaldo de Quirós, C. y Ardilla, Luis, *El bandolerismo andaluz.* Gráfica universal, Madrid.

Borrow, George, *La Biblia en España.* Ediciones B.S.A., Barcelona.

Caro Baroja, Julio, *Los moriscos del reino de Granada.* Ediciones Istmo, Madrid.

Cruz Hernández, Miguel, *Historia del pensamiento en Al Ándalus.* Editoriales Andaluzas, Sevilla.

De Molinos, Miguel, *Guía Espiritual.* Imprenta de Galo Sáez, Madrid.

Dozy, Renhard P., *Historia de los musulmanes de España.* Emecé Editores, Buenos Aires.

Eslava Galán, Juan, *Califas, guerreros, esclavas y eunucos.* Espasa Calpe, Madrid.

E. Lida, Clara, *La Mano Negra (anarquismo agrario en Andalucía).* Editorial Zero, Algorta (Vizcaya).

Fernández Mora, Manuel, *La humildad de la historia.* Ediciones Bahía, Algeciras.

Ford, Richard, *Andalucía.* Biblioteca Turner, Madrid.

Francisco Reina, Manuel, *Poesía andalusí.* Biblioteca Edaf, Madrid.

Gala, Antonio, *El manuscrito carmesí.* Editorial Planeta, Barelona.

Galiano, Marceliano, *El aroma del arrayán.* Editorial Almuzara, Córdoba.

García Cigüenza, Isidro, *Bandoleros en la serranía de Ronda.* Editorial La Serranía, Ronda.

Ghani Melara Navio, Abdel, *El noble Corán.* Segunda edición, Estambul 2005.

Gil Benumeya, Rodolfo, *Marruecos español.* Ediciones de la Vicesecretaría de Educación Popular, Madrid.
Gil Benumeya, Rodolfo, *España dentro de lo árabe.* Editora Nacional, Madrid.
Gil Benumeya, Rodolfo, *Claroscuro andaluz.* Editoria Nacional, Madrid.
Goodwin, Godfrey, *España Islámica.* Editorial Debate, Madrid.
Hurtado de Mendoza, Diego, *Guerra de Granada hecha por el Rey D. Felipe II.* Imprenta de Juan Oliveres, Barcelona.
Irving, Washington, *Crónicas moriscas.* Biblioteca de escritores y temas granadinos. Miguel Sánchez editor, Granada.
Khémir, Nacer, *Paroles d'Islam.* Albin Michel, París.
Ladero Quesada, Miguel Ángel, *Granada, Historia de un país islámico (1232-1571).* Editorial Gredos, Madrid.
Larousse, *Diccionario de civilización musulmana.* RBA, Barcelona.
Lings, Martin, *¿Qué es el sufismo?* Taurus Ediciones, Madrid.
López Barrios, Francisco, y Haguerty, Miguel José, *Murieron para vivir.* Argos Vergara, Barcelona.
López Baralt, Luce, *San Juan de la Cruz y el Islam.* Universidad de Puerto Rico.
Machordom Comins, Álvaro, *Granada: el último rey andalusí.* George Masaad editor, Madrid.
María Rilke, Rainer, *En Ronda, cartas y poemas.* Pre-textos,Valencia.
Martínez Enamorado, Virgilio, *El fin de Al Ándalus en la serranía de Ronda.* Editorial La Serranía, Ronda.
Maalouf, Amín, *Las cruzadas vistas por los árabes.* Biblioteca temática Alianza, Madrid.
Mateos Paramio, Alfredo (coordinador), *Memoria de los moriscos, escritos y relatos de una diáspora cultural.* Biblioteca Nacional, Madrid.
Muñoz Molina, Antonio, *Córdoba de los Omeyas.* Planeta bolsillo, Barcelona.
Pérez Regoldán, Manuel, *Historias y leyendas de Arcos.* Gráficas Mirte, Sevilla.
Ponsoye, Pierre, *El Islam y el Grial.* Olañeta editor, Palma de Mallorca.
Puga Barroso, José Luis, *Reivindicación de bienes en la taha de Órgiva tras la guerra de la Alpujarra.* Imprenta Gallego, Órgiva.
Sánchez-Albornoz, Claudio, *La España islámica.* Espasa Calpe.
Serrano, Secundino, *Maquis, historia de la guerra antifranquista.* Planeta de Agostini, Barelona
Serrano, Jesús, y Neuhaus, Rolf, *El collar de las medinas.* Ediciones Mágina, Churriana de la Vega, Granada.
Watt, Montgomery, *Historia de la España islámica.* Alianza Editorial, Madrid.
Yubayr, Ibn, *A través del Oriente.* Ediciones del Serbal, Barcelona.